Minutos
DE ESTUDIO BÍBLICO

PROGRAMA DE
ESTUDIO
EN 6 SEMANAS

ENCENDIENDO

TU PASIÓN

POR DIOS

MINISTERIOS
PRECEPTO
INTERNACIONAL

**KAY ARTHUR &
MARK SHELDRAKE**

IGNITE YOUR PASSION FOR GOD
Publicado en inglés por WaterBrook Press
12265 Oracle Boulevard, Suite 200
Colorado Springs, Colorado 80921
Una división de Random House Inc.

Todas las citas bíblicas han sido tomadas de la Nueva Biblia Latinoamericana de Hoy;
© Copyright 2005
Por la Fundación Lockman.
Usadas con permiso (www.lockman.org).

ISBN 978-1-62119-585-6

Copyright © 2015 por Ministerios Precepto Internacional

Todos los derechos son reservados. Ninguna parte de esta publicación puede reproducirse, traducirse, ni transmitirse por ningún medio electrónico o mecánico que incluya fotocopias, grabaciones o cualquier tipo de recuperación y almacenamiento de información, sin permiso escrito del editor.

Precepto, Ministerios Precepto Internacional, Ministerios Precepto Internacional Especialistas en el Método de Estudio Inductivo, la Plomada, Precepto Sobre Precepto, Dentro y Fuera, ¡Más Dulce que el Chocolate! Galletas en el Estante de Abajo, Preceptos para la Vida, Preceptos de la Palabra de Dios y Ministerio Juvenil Transform, son marcas registradas de Ministerios Precepto Internacional.

2016 – Edición Estados Unidos

CÓMO USAR ESTE ESTUDIO

Este estudio bíblico ha sido diseñado para grupos pequeños que están interesados en conocer la Biblia, pero que disponen de poco tiempo para reunirse. Por ejemplo, es ideal para grupos que se reúnen a la hora de almuerzo en el trabajo, para estudios bíblicos de hombres, para grupos de estudio de damas, para clases pequeñas de Escuela Dominical o incluso para devocionales familiares. También, es ideal para grupos que se reúnen durante períodos más largos – como por las noches o los sábados por la mañana – pero que sólo quieren dedicar una parte de su tiempo al estudio bíblico, reservando el resto del tiempo para la oración, comunión y otras actividades.

Este libro está diseñado de tal forma que el grupo tendrá que realizar la tarea de cada lección al mismo tiempo que se realiza el estudio. El discutir las observaciones a partir de lo que Dios dice acerca del tema revela verdades emocionantes e impactantes.

Aunque es un estudio grupal, se necesitará un facilitador para dirigir al grupo – alguien que permita que la discusión se mantenga activa. La función de esta persona no es la de conferencista o maestro. No obstante, cuando este libro se usa en una clase de Escuela Dominical o en una reunión similar, el maestro debe sentirse en libertad de dirigir el estudio de forma más abierta, dando otras observaciones además de las que se encuentran en la lección semanal.

Si eres el facilitador del grupo, el líder, a continuación encontrarás algunas recomendaciones para hacer más fácil tu trabajo:

- Antes de dirigir al grupo, revisa toda la lección y marca el texto. Esto te familiarizará con el contenido y te capacitará para ayudar al grupo con mayor facilidad. Te será más cómodo dirigir al grupo siguiendo las instrucciones de cómo marcar, si tú como líder escoges un color específico para cada símbolo que marques.

- Al dirigir el grupo, comienza por el inicio del texto y lee en voz alta siguiendo el orden que aparece en la lección, incluyendo los "cuadros de aclaración" que pueden aparecer. Trabajen la lección juntos, observando y discutiendo lo que aprenden. Al leer los versículos bíblicos, haz que el grupo diga en voz alta la palabra que se está marcando en el texto.
- Las preguntas de discusión sirven para ayudarte a cubrir toda la lección. A medida que la clase participe en la discusión, muchas veces te darás cuenta de que ellos responderán a las preguntas por sí mismos. Ten presente que las preguntas de discusión son para guiar al grupo en el tema, no para suprimir la discusión.
- Recuerda lo importante que es para la gente el expresar sus respuestas y descubrimientos. Esto fortalece grandemente su entendimiento personal de la lección semanal. Asegúrate de que todos tengan oportunidad de contribuir en la discusión semanal.
- Mantén la discusión activa. Esto puede significar el pasar más tiempo en algunas partes del estudio que en otras. De ser necesario, siéntete en libertad de desarrollar una lección en más de una sesión. Sin embargo, recuerda que no debes ir a un ritmo muy lento. Es mejor que cada uno sienta que contribuye a la discusión semanal, "que deseen más", a que se retiren por falta de interés.
- Si las respuestas del grupo no te parecen adecuadas, puedes recordarles cortésmente, que deben mantenerse enfocados en la verdad de las Escrituras. La meta es aprender lo que la Biblia dice, no adaptarse a filosofías humanas. Sujétate únicamente a las Escrituras y permite que Dios te hable. ¡Su Palabra es verdad (Juan 17:17)!

ENCENDIENDO TU PASIÓN POR DIOS

¿Alguna vez te has subido al carro, lo has encendido y luego te encuentras en tu destino sin una idea clara de cómo llegaste hasta allí? Es una sensación extraña darte cuenta de que estás despierto, pero mentalmente estás desconectado. Lo que es peor aún es que manejando con piloto automático llegues a una carretera que no querías, así como cuando te das cuenta que estás manejando al trabajo cuando habías planeado ir al supermercado.

Una situación similar puede ocurrir en nuestra vida espiritual cuando manejamos en piloto automático, haciendo las cosas por costumbre más que por una pasión ardiente de servir a Dios.

Lamentablemente, muchos de nosotros nos encontramos en diferentes momentos de nuestro viaje espiritual donde hemos desarrollado apatía hacia las cosas de Dios. El diccionario describe *apatía* como "la ausencia o la supresión de la pasión, emoción o el entusiasmo."

Es una dureza de corazón que afecta la forma de ver la vida. En la vida de un creyente, la apatía espiritual podría aparecer como una disminución sutil del interés de Dios y de las cosas de Dios. Una dureza para oír cuando se trata de la lectura de la Palabra de Dios y escuchar acerca de la obra de Dios. Es un letargo, una sensación de lentitud hacia todo lo cristiano.

¿Te encuentras ...
- reacio a reunirte con otros creyentes?
- buscando múltiples razones para faltar a la iglesia, el estudio bíblico y las reuniones de oración?
- cantando los himnos y los coros de memoria como palabras vacías en la pantalla o en un libro?
- buscando constantemente los aspectos negativos de la iglesia y quejándote de ellos?
- sin leer la Biblia sino que buscas el último libro de crecimiento espiritual de solución rápida?

¿Describe esto tu vida? ¿Notas que otros a tu alrededor están apasionados por Jesús y te preguntas como puedes encender un fuego que te impulse hacia un entendimiento de Dios más profundo y con más significado?

Durante las siguientes seis lecciones exploraremos por qué y cómo vencer la apatía hacia las cosas de Dios. Nuestra oración es que mediante estas lecciones abras tu corazón y tu mente a las verdades de Dios y que dejes que enciendan una pasión y un fuego que no pueden ser extinguidos.

PRIMERA SEMANA

Tal vez nunca verdaderamente has conocido una pasión ardiente por las cosas espirituales. O tal vez tu amor por Jesús ardió vivamente alguna vez y Él era tu mayor prioridad en la vida, pero ahora las brasas apenas resplandecen y tu corazón parece hacerse más frío.

¿Qué es lo que te impide experimentar un entusiasmo por las cosas de Dios?

Esta semana miraremos algunos pasajes de la Escritura que nos dan un entendimiento de algunas cosas que apagan nuestro fuego espiritual.

OBSERVA

Viejo y avanzado en años, el Rey David escogió a su hijo Salomón para que sea el siguiente rey de Israel. Ya que David estaba cercano a la muerte, le encargó a Salomón "Se fuerte…y sé hombre" (1 Reyes 2:2). Instó a su hijo a caminar en los caminos de Dios y "mantener Sus estatutos, Sus mandamientos, Sus ordenanzas y Sus testimonios de acuerdo a lo que está escrito en la Ley de Moisés" (2:3). Poco después de esto, David murió y, como 1 Reyes 2:46 nos dice: "Así fue confirmado el reino en las manos de Salomón".

Veamos lo que pasó después y lo que podemos aprender para nuestras vidas.

Líder: Lee 1 Reyes 3:1-9 en voz alta. Has que el grupo diga en voz alta y…

- *Marque con un semicírculo descendente como este ⌒, cada referencia a **Salomón**, incluyendo los pronombres y sinónimos.*

1 Reyes 3:1-9

¹Entonces Salomón se emparentó con Faraón, rey de Egipto, pues tomó por esposa a la hija de Faraón y la trajo

4 | Encendiendo Tu Pasión Por Dios

a la ciudad de David mientras acababa de edificar su casa, la casa del SEÑOR y la muralla alrededor de Jerusalén.

² Sólo que el pueblo sacrificaba en los lugares altos, porque en aquellos días aún no se había edificado casa al nombre del SEÑOR.

³Salomón amaba al SEÑOR, andando en los estatutos de su padre David, aunque sacrificaba y quemaba incienso en los lugares altos.

⁴ El rey fue a Gabaón a sacrificar allí, porque ése era el lugar alto principal. Salomón ofreció mil holocaustos sobre ese altar.

- Marque cada referencia a **el Señor** incluyendo pronombres como **Tú** y sinónimos como **Dios**, con un triángulo:

- Subraya la palabra **discernir**.

Cuando leas el texto, es de mucha ayuda pedirle al grupo que lea en voz alta las palabras que están marcando. De esta manera todos se asegurarán de que están marcando la palabra cada vez que aparece, incluyendo cualquier palabra o frase sinónima. Haz esto a lo largo del estudio.

DISCUTE

- ¿Cómo se describe a Salomón en estos versículos?

Primera Semana

- ¿Qué revela el versículo 3 acerca del comportamiento de Salomón como rey?

⁵ Y en Gabaón el SEÑOR se apareció a Salomón de noche en sueños, y Dios le dijo: "Pide lo que quieras que Yo te dé."

- ¿Qué te dice esto sobre el corazón de Salomón hacia Dios?

⁶ Entonces Salomón le respondió: "Tú has mostrado gran misericordia a Tu siervo David mi padre, según él anduvo delante de Ti con fidelidad, justicia y rectitud de corazón hacia Ti; y has guardado para él esta gran misericordia, en que le has dado un hijo que se siente en su trono, como sucede hoy.

⁷ Ahora, SEÑOR Dios mío, has hecho a Tu siervo rey en lugar de mi padre David, aunque soy un muchacho y no sé cómo salir ni entrar.

6 | Encendiendo Tu Pasión Por Dios

⁸ Tu siervo está en medio de Tu pueblo al cual escogiste, un pueblo inmenso que no se puede numerar ni contar por su multitud.

- ¿Qué le pidió Salomón a Dios?

⁹ Da, pues, a Tu siervo un corazón con entendimiento para juzgar a Tu pueblo y para discernir entre el bien y el mal. Pues ¿quién será capaz de juzgar a este pueblo Tuyo tan grande?

- ¿Cuál es el significado de su pedido a la luz del versículo 7?

1 Reyes 3:10-15

¹⁰ Fue del agrado a los ojos del Señor que Salomón pidiera esto.

OBSERVA

Salomón había puesto su pedido ante el Señor: él quería un corazón sabio para conocer la diferencia entre el bien y el mal para que pueda dirigir al pueblo de Dios. ¿Cómo respondió Dios a su pedido?

Primera Semana

Líder: *Lee 1 Reyes 3:10-15 en voz alta y haz que el grupo…*

- Marque cada referencia a **Salomón** incluyendo pronombres, con un semicírculo: ⌒
- Dibuje un triángulo sobre cada referencia al **Señor**, incluyendo **Tú** y **Dios**: △
- Subraye las palabras *__inteligencia, entendimiento y cualquier sinónimo.__*

DISCUTE

- ¿Cuál fue la respuesta de Dios al pedido de Salomón? ¿Qué razón dio Dios?

[11] Y Dios le dijo: "Porque has pedido esto y no has pedido para ti larga vida, ni has pedido para ti riquezas, ni has pedido la vida de tus enemigos, sino que has pedido para ti inteligencia para administrar justicia,

[12] he hecho, pues, conforme a tus palabras. Te he dado un corazón sabio y entendido, de modo que no ha habido ninguno como tú antes de ti, ni se levantará ninguno como tú después de ti.

[13] También te he dado lo que no has pedido, tanto riquezas como gloria, de modo que no habrá entre los reyes ninguno como tú en todos tus días.

¹⁴ Y si andas en Mis caminos, guardando Mis estatutos y Mis mandamientos como tu padre David anduvo, entonces prolongaré tus días."

- Cuando Salomón hizo su pedido delante de Dios, ¿quién o cuál fue la más grande preocupación de Salomón? Observa otra vez el versículo 8 en la página 6. No te pierdas ningún detalle con respecto al pueblo.

¹⁵ Salomón se despertó y vio que había sido un sueño. Entró en Jerusalén y se puso delante del arca del pacto del Señor. Ofreció holocaustos e hizo ofrendas de paz y también dio un banquete para todos sus siervos.

- ¿Qué apreciaciones te da esto acerca del corazón de Salomón, su pasión por Dios?

1 Reyes 11:1-11

¹ Pero el rey Salomón, además de la hija de Faraón, amó a muchas mujeres extranjeras, Moabitas, Amonitas,

OBSERVE

Dios respondió la oración de Salomón. Él le dio "sabiduría y un gran discernimiento y amplitud de mente" (1 Reyes 4:29) para que las personas vinieran de todo el mundo a escuchar su sabiduría. Los siguientes

Primera Semana 9

capítulos de 1 Reyes detallan como Salomón construyó la casa del Señor y la gloria del Señor y su presencia la llenaban. Luego, él pasó trece años construyendo su propia casa. El Rey Salomón llegó a ser más grande que todos los reyes de la tierra en riqueza y sabiduría (1 Reyes 10:23). Ahora vayamos a 1 Reyes 11.

Líder: *Lee 1 Reyes 11:1-11 y haz que el grupo ...*
- *Marque las referencias a **Salomón** como se ha hecho antes.*
- *Dibuje un corazón sobre cada referencia al **corazón**, como este:* ♡
- *Marque las referencias al **Señor** con un triángulo.*

DISCUTE
- ¿Qué aprendes al marcar las referencias del corazón de Salomón? ¡No te pierdas ningún detalle!

Edomitas, Sidonias e Hititas,

² de las naciones acerca de las cuales el SEÑOR había dicho a los Israelitas: "No se unirán a ellas, ni ellas se unirán a ustedes, porque ciertamente desviarán su corazón tras sus dioses." Pero Salomón se apegó a ellas con amor.

³ Y tuvo 700 mujeres que eran princesas y 300 concubinas, y sus mujeres desviaron su corazón.

⁴ Porque cuando Salomón ya era viejo, sus mujeres desviaron su corazón tras otros dioses, y su corazón no estuvo dedicado por completo al SEÑOR su Dios, como había estado

el corazón de David su padre.

⁵ Porque Salomón siguió a Astoret, diosa de los Sidonios, y a Milcom, ídolo abominable de los Amonitas.

⁶ Salomón hizo lo malo a los ojos del SEÑOR, y no siguió plenamente al SEÑOR, como Lo había seguido su padre David.

⁷ Entonces Salomón edificó un lugar alto a Quemos, ídolo abominable de Moab, en el monte que está frente a Jerusalén, y a Moloc, ídolo abominable de los Amonitas.

⁸ Así hizo también para todas sus mujeres extranjeras, las cuales quemaban incienso y

- De acuerdo al versículo 6, ¿dónde falló Salomón?

- ¿Qué pasó como resultado?

- ¿Qué te dice el texto acerca de lo que sintió el Señor y Su respuesta a Salomón?

ofrecían sacrificios a sus dioses.

⁹ Entonces el SEÑOR se enojó con Salomón porque su corazón se había apartado del SEÑOR, Dios de Israel, que se le había aparecido dos veces,

- ¿Qué es lo que en tu vida tiene potencial para apartar tu corazón del Señor?

¹⁰ y le había ordenado en cuanto a esto que no siguiera a otros dioses, pero él no guardó lo que el SEÑOR le había ordenado.

¹¹ Y el SEÑOR dijo a Salomón: "Porque has hecho esto, y no has guardado Mi pacto y Mis estatutos que te he ordenado, ciertamente arrancaré el reino de ti, y lo daré a tu siervo.

Éxodo 20:1-6

¹ Entonces Dios habló todas estas palabras diciendo:

² "Yo soy el SEÑOR tu Dios, que te saqué de la tierra de Egipto, de la casa de servidumbre (de la esclavitud).

³ "No tendrás otros dioses delante de Mí.

⁴ "No te harás ningún ídolo (imagen tallada), ni semejanza alguna de lo que está arriba en el cielo, ni abajo en la tierra, ni en las aguas debajo de la tierra.

⁵ No los adorarás (No te inclinarás ante ellos) ni los servirás (ni los honrarás). Porque Yo, el SEÑOR tu Dios, soy

OBSERVA

Líder: Lee Éxodo 20:1-6 y haz que el grupo...

- Marque todas las referencias al **Señor**, incluyendo pronombres, con un triángulo.
- Marque *dioses* e *ídolos*, incluyendo sinónimos y pronombres, con un **I** grande.
- Dibuje un corazón sobre la palabra *amor*.

DISCUTE

- ¿Qué aprendiste acerca de Dios?

- Haz una lista de lo que aprendiste al marcar las referencias a los ídolos.

- Si un ídolo es todo aquello que saca a Dios del lugar que le corresponde, cualquier cosa a la que te inclines, que le des más valor que el que le das a Dios, ¿cuáles serán los ídolos más comunes en tu cultura? ¿Entre tus compañeros?

ACLARACIÓN

Adorar un ídolo no necesariamente significa tener un becerro de oro o una imagen de madera sobre un manto al que nos inclinamos tres veces al día. Un ídolo puede ser cualquier cosa que ponemos por encima de nuestra relación con Dios o cualquier cosa que aparta nuestro corazón de Dios. Puede ser el dinero, el poder, las relaciones, cualquier cosa que atesoremos más que a Dios. En Colosenses 3:5 leemos que la codicia es una forma de idolatría.

Dios celoso, que castigo la iniquidad de los padres sobre los hijos hasta la tercera y cuarta generación de los que Me aborrecen,

[6] y muestro misericordia a millares, a los que Me aman y guardan Mis mandamientos.

- De lo que has observado en tu vida y en la de otros, ¿de qué maneras los ídolos nos alejan de Dios? ¿Tratan de apagar nuestra pasión por Dios?

- ¿Hay algo en tu vida que está tomando prioridad por encima de Dios? ¿Lo considerarías un ídolo? ¿Por qué si o por qué no?

14 | Encendiendo Tu Pasión Por Dios

Deuteronomio 30:15-20

¹⁵ "Mira, yo he puesto hoy delante de ti la vida y el bien, la muerte y el mal.

¹⁶ Hoy te ordeno amar al SEÑOR tu Dios, andar en Sus caminos y guardar Sus mandamientos, Sus estatutos y Sus decretos, para que vivas y te multipliques, a fin de que el SEÑOR tu Dios te bendiga en la tierra que vas a entrar para poseerla.

¹⁷ Pero si tu corazón se desvía y no escuchas, sino que te dejas arrastrar y te postras ante otros dioses y los sirves,

¹⁸ Yo les declaro hoy que ciertamente perecerán.

OBSERVA

Dios es claro acerca de sus expectativas para aquellos que dicen seguirle. Veamos lo que Dios le dijo a su pueblo, Israel, en Deuteronomio, justo antes de que se los llevara a la tierra prometida.

Líder: Lee Deuteronomio 30:15-20. Haz que el grupo…

- *Dibuje un triángulo sobre cada referencia al **Señor**, incluyendo pronombres.*
- *Subraye cada referencia a **los israelitas**, incluyendo **ti**, **te** y **tu**.*
- *Marque **corazón** y **amor** con un corazón.*

ACLARACIÓN

Deuteronomio es el quinto libro de la Ley, también conocida como la Torá. La idea detrás de la palabra *Torá* es "informar, instruir y guiar".

DISCUTE

- ¿Qué aprendiste al marcar las referencias a Dios? ¿Qué alternativa estaba Él ofreciendo?

Primera Semana · 15

- Dios dio tres instrucciones claras de cómo su pueblo debía vivir. ¿Cuáles son? (Consejo: mira el versículo 16). Enumera las instrucciones cuando las encuentres en el texto.

- ¿Qué evidencia de pasión espiritual encuentras en estos versículos? ¿Qué precede el obedecer a Dios y aferrarse a Él?

- En la Escritura la palabra *pero* indica un contraste. ¿Qué contraste se hace en este pasaje?

- Para que no lo perdamos, ¿qué dice Dios que nos alejará de Él?

- ¿Cuáles son las consecuencias de un corazón que rechaza a Dios? ¿Cómo luce cuando nos alejamos de Él?

- ¿Qué dicen los versículos 19-20 concerniente a aquellos que escogen obedecer?

No prolongarán sus días en la tierra adonde tú vas, cruzando el Jordán para entrar en ella y poseerla.

[19] Al cielo y a la tierra pongo hoy como testigos contra ustedes de que he puesto ante ti la vida y la muerte, la bendición y la maldición. Escoge, pues, la vida para que vivas, tú y tu descendencia,

[20] amando al SEÑOR tu Dios, escuchando Su voz y allegándote a Él; porque eso es tu vida y la largura de tus días, para que habites en la tierra que el SEÑOR juró dar a tus padres Abraham, Isaac y Jacob."

Marcos 12:28-34

²⁸ Cuando uno de los escribas se acercó, los oyó discutir, y reconociendo que Jesús les había contestado bien, Le preguntó: "¿Cuál mandamiento es el más importante (el primero) de todos?"

²⁹ Jesús respondió: "El más importante es: 'ESCUCHA, ISRAEL; EL SEÑOR NUESTRO DIOS, EL SEÑOR UNO ES;

³⁰ Y AMARÁS AL SEÑOR TU DIOS CON TODO TU CORAZÓN, Y CON TODA TU ALMA, Y CON TODA TU MENTE, Y CON TODA TU FUERZA.'

³¹ El segundo es éste: 'AMARÁS A TU PRÓJIMO COMO A TI

OBSERVA

Adelantémonos al Nuevo Testamento, donde Jesús se refirió al pasaje de Deuteronomio 30 para responder a la pregunta de un escriba, que era un experto en la Ley.

Líder: Lee Marcos 12:28-34 y haz que el grupo...
- Subraye **Israel** y los pronombres **tú** y **tu** en referencia a las personas.
- Dibuje un corazón sobre la palabra *amor*.

DISCUTE

- ¿Cuál dijo Jesús que era el primer mandamiento? Subráyalo.

- ¿Cuál era el segundo mandamiento? Subráyalo.

Primera Semana | 17

- ¿Qué aprendiste acerca del amor en este pasaje?

- ¿Qué descripciones útiles, si las hay, encuentras concerniente a lo que parece tener pasión por Dios?

- Solo para que no lo pierdas, ¿en qué grado debemos amar a Dios?

- ¿De qué manera moldearía nuestras decisiones diarias el seguir estos mandamientos?

MISMO.' No hay otro mandamiento mayor que éstos."

[32] Y el escriba Le dijo: "Muy bien, Maestro; con verdad has dicho que ÉL ES UNO, Y NO HAY OTRO ADEMÁS DE ÉL;

[33] Y QUE AMARLE A ÉL CON TODO EL CORAZÓN Y CON TODO EL ENTENDIMIENTO Y CON TODAS LAS FUERZAS, Y AMAR AL PRÓJIMO COMO A UNO MISMO, es más que todos los holocaustos y los sacrificios."

[34] Viendo Jesús que él había respondido sabiamente, le dijo: "No estás lejos del reino de Dios." Y después de eso, nadie se aventuraba a hacer más preguntas.

FINALIZANDO

En nuestro estudio de esta semana vimos como nuestros corazones pueden alejarse de amar a Dios cuando permitimos que algo o alguien tenga prioridad sobre Él.

En Mateo 6:21, Jesús enseñó que donde está nuestro tesoro, nuestro corazón lo seguirá. Aunque Salomón inicialmente encontró su tesoro en el Señor, parece que a medida que envejecía, encontró su tesoro en sus esposas y por lo tanto llevado a los dioses falsos.

Así como Salomón, muchos creyentes han dejado su primer amor y no lo saben. Han dado una porción de su corazón a sus propios deseos y a las cosas de este mundo, creyendo erróneamente que pueden servir a ambos.

¿Estás tratando de hacer un espacio en tu corazón para ambos, el reino de Dios y los tesoros de este mundo? Nunca funcionará. Dios nos dice que es un Dios celoso. Él debe ser primero. No puedes ser consumido con amor y pasión por Jesucristo si tienes un corazón dividido.

El primer paso para avanzar es confesarle a Dios que has dejado tu primer amor. Arrepiéntete, ten un cambio de mente, de corazón. Dile a Dios que quieres Amarlo con todo tu corazón, alma, mente y fuerza. Pídele que remueva los ídolos que has coronado en tu vida y que encienda el fuego de pasión en tu corazón.

SEGUNDA SEMANA

Cuando estás sentando al lado de una fogata y notas que la llama se está apagando, lo más probable es que comiences a buscar un buen trozo de madera seca para lanzar en el fuego como combustible. ¿Qué hace un cristiano cuando la llama de su pasión por el Señor disminuye? Esta semana vamos a ver cómo la Palabra de Dios sirve como combustible espiritual y lo que ocurre con nuestra pasión cuando no somos capaces de pasar tiempo en la Biblia.

OBSERVA

En Deuteronomio 17:14-20 Moisés profetizó que Israel pediría un rey y dio directrices específicas para su futuro gobernador. Cuando veamos estas directrices, presta mucha atención a las instruciones de Moisés concerniente a la Ley.

Líder: Lee Deuteronomio 17:14-20. Haz que el grupo diga en voz alta y ...

- Marque todas las referencias **al rey**, incluyendo sinónimos como **uno** y pronombres como **él** y **para sí**, con un semicírculo: ⌒
- Dibuje un corazón sobre la palabra **corazón**, como este: ♡
- Marque todas las referencias a **la Ley**, incluyendo **mandamiento**, con un libro abierto como este: 📖

Deuteronomio 17:14-20

[14] "Cuando entres en la tierra que el SEÑOR tu Dios te da, y la poseas y habites en ella, y digas: 'Pondré un rey sobre mí, como todas las naciones que me rodean,'

[15] ciertamente pondrás sobre ti al rey que el SEÑOR tu Dios escoja,

a uno de entre tus hermanos pondrás por rey sobre ti; no pondrás sobre ti a un extranjero que no sea hermano tuyo.

DISCUTE

- ¿Qué aprendiste al marcar las referencias al rey?

¹⁶ Además, el rey no tendrá muchos caballos, ni hará que el pueblo vuelva a Egipto para tener muchos caballos, pues el SEÑOR te ha dicho: 'Jamás volverán ustedes por ese camino.'

- ¿Quién seleccionaría al rey que iba a gobernar?

¹⁷ Tampoco tendrá muchas mujeres, no sea que su corazón se desvíe; ni tendrá grandes cantidades de plata y oro.

- ¿Cuál era la responsabilidad del rey en relación a la Ley?

¹⁸ "Y cuando él se siente sobre el trono de su reino, escribirá para sí una copia de esta ley en un libro, en presencia de los sacerdotes Levitas.

- ¿Cómo puedes aplicar lo que has aprendido acerca de la Ley y el rey en tu vida hoy?

¹⁹ La tendrá consigo y la leerá todos los días de su vida, para que aprenda a temer al SEÑOR su Dios, observando cuidadosamente todas las palabras de esta ley y estos estatutos,

²⁰ para que no se eleve su corazón sobre sus hermanos y no se desvíe del mandamiento ni a la derecha ni a la izquierda, a fin de que prolongue sus días en su reino, él y sus hijos, en medio de Israel.

- Ahora discute lo que aprendes al marcar *corazón*, teniendo en cuenta lo que aprendiste la semana pasada. ¿Cómo puedes aplicar esto a tu vida?

2 Crónicas 34:1-7

¹ Josías tenía ocho años cuando comenzó a reinar, y reinó treinta y un años en Jerusalén.

² Él hizo lo recto ante los ojos del SEÑOR y anduvo en los caminos de su padre David; no se apartó ni a la derecha ni a la izquierda.

³ Porque en el octavo año de su reinado, siendo aún joven, comenzó a buscar al Dios de su padre David; y en el año doce empezó a purificar a Judá y a Jerusalén de los lugares altos, de las Aseras, de las imágenes talladas y de las imágenes fundidas.

⁴ Y derribaron en su presencia los altares

OBSERVA

En el año 931 a.c., ya que Salomón no siguió completamente al Señor, sino que hizo el mal ante Sus ojos, Israel se dividió en dos reinos, siendo el norte Israel y el sur Judá. El reino del sur, Judá, fue testigo de una serie de reyes que no siguieron los pasos de David. Dos de los peores, Manasés y Amón, promovieron la adoración de ídolos en el pueblo de Judá. Recogemos la historia después del reinado de estos malos gobernantes, alrededor del año 640 a.c. Hay un nuevo rey en el pueblo y su nombre es Josías. Es el hijo de Amón y el nieto de Manasés. ¿Tiene alguna posibilidad de ser un hombre de Dios, dada su herencia?

Líder: Lee 2 Crónicas 34:1-7 en voz alta.
Haz que el grupo diga en voz alta y ...
- *Dibuje un semicírculo sobre cada referencia a **Josías**, como lo hicieron con **el rey**.*
- *Haga un círculo en todas las referencias a **tiempo**.*
- *Marque con una gran **I** cada referencia a **ídolos**, incluyendo pronombres y sinónimos tales como **imágenes**, **Baal**, **Asera**, **altar**.*

Segunda Semana

DISCUTE

- ¿Qué aprendes acerca de Josías en los versículos 1-2?

- ¿Qué nos dice el versículo 3 acerca de las acciones del rey en los diferentes momentos del principio de su reinado? Basado en el versículo 1, ¿qué edad tenía cuando tomó estas acciones? ¿Y qué sugiere esto acerca del corazón de Josías?

- ¿Qué apreciación tenemos de las acciones que Josías tomó en los asuntos de Judá en este tiempo en el duodécimo año de su reinado (versículos 4-7)?

de los Baales; destrozó los altares del incienso que estaban puestos en alto, encima de ellos; despedazó también las Aseras, las imágenes talladas y las imágenes fundidas y las redujo a polvo, que esparció sobre las sepulturas de los que les habían ofrecido sacrificios.

[5] Entonces quemó los huesos de los sacerdotes sobre sus altares y purificó a Judá y a Jerusalén.

[6] En las ciudades de Manasés, Efraín, Simeón y hasta en Neftalí, y en sus ruinas alrededor,

[7] derribó también los altares y redujo a polvo las Aseras y las imágenes talladas, y destrozó todos los

Encendiendo Tu Pasión Por Dios

altares de incienso por todas las tierras de Israel. Después regresó a Jerusalén.

2 Crónicas 34:8-10, 14-21

⁸ En el año dieciocho de su reinado, cuando terminó de purificar el país y la casa (el templo), Josías envió a Safán, hijo de Azalía, y a Maasías, un oficial de la ciudad, y a Joa, hijo de Joacaz, escriba, para que repararan la casa (el templo) del SEÑOR su Dios.

⁹ Ellos vinieron al sumo sacerdote Hilcías y le entregaron el dinero que había sido traído a la casa de Dios, y que los Levitas guardianes del umbral habían recogido de Manasés y de Efraín

- ¿Qué similitudes, si hay alguna, ves en tu nación?

OBSERVA

De acuerdo a 2 Crónicas 34:3, en el duodécimo año de su reinado, Josías tenía veinte años cuando purificó la tierra de los ídolos. Veamos lo que Josías hizo después.

Líder: *Lee 2 Crónicas 34: 8-10, 14-21 en voz alta. Haz que el grupo haga lo siguiente:*

- Marque cada mención de **Josías**, incluyendo pronombres y **el rey**, con un semicírculo.
- Dibuje un cuadro alrededor de **la casa del Señor**: ▭
- Marque las frases **el libro de la Ley** y **palabras de la ley** con un libro abierto como este: 📖

Segunda Semana | 25

DISCUTE
- De acuerdo al versículo 8, ¿qué edad tenía Josías en este punto y que había realizado para este tiempo?

y de todo el remanente de Israel, y de todo Judá y Benjamín y de los habitantes de Jerusalén.

¹⁰ Entonces entregaron el dinero en manos de los obreros que estaban encargados de la casa del SEÑOR; y los obreros que trabajaban en la casa del SEÑOR lo usaron para restaurar y reparar la casa.

ACLARACIÓN

Los ídolos se remontan a la época del reinado de Manasés. El abuelo de Josías era un hombre que "sedujo" al pueblo de Judá para hacer más mal que las naciones que Jehová destruyó delante de los hijos de Israel (2 Reyes 21: 9).

Cuando murió Manasés, su hijo Amón (el padre de Josías) se convirtió en rey a los veintidós años de edad. Reinó dos años e "hizo lo malo ante los ojos de Jehová, como su padre Manasés había hecho" (2 Reyes 21:20).

Amón murió a manos de sus siervos y a los ocho años, Josías heredó esta nación sin Dios.

¹⁴ Mientras ellos sacaban el dinero que habían traído a la casa del SEÑOR, el sacerdote Hilcías encontró el Libro de la Ley del SEÑOR dada por Moisés.

¹⁵ Entonces Hilcías dijo al escriba Safán: "He hallado el Libro de la Ley en la casa del

SEÑOR." Hilcías le dio el libro a Safán,

¹⁶ y éste llevó el libro al rey y le dio más noticias: "Todo lo que fue encomendado a sus siervos, lo están haciendo.

¹⁷ También han tomado el dinero que se encontraba en la casa del SEÑOR, y lo han entregado en manos de los encargados y de los obreros."

¹⁸ El escriba Safán informó también al rey: "El sacerdote Hilcías me ha dado un libro." Y Safán leyó de él en la presencia del rey.

¹⁹ Cuando el rey oyó las palabras de la ley, rasgó sus vestidos.

- ¿Qué era lo siguiente en la agenda de Josías? ¿Qué apreciación obtienes de esto acerca del corazón de este rey?

- ¿Cuándo se estaba reparando la casa del Señor, qué se encontró? ¿Dónde?

- ¿Qué te dice esto? ¿Qué similitudes ves concerniente a la iglesia de hoy?

- ¿Cuál fue la reacción de Josías al escuchar las palabras de la Ley? ¿Por qué reaccionó de esta manera?

ACLARACIÓN

Deuteronomio 17:18 declaraba que cuando un rey tomaba el trono, debía escribir el libro de la Ley en presencia de los sacerdotes levitas. Ezequías, que reinó del 730-686 a.c., fue el último rey que hizo lo recto ante los ojos de Jehová en Judá. Le siguieron Manasés y Amón, ambos hicieron lo malo y no siguieron el libro de la Ley. El pueblo de Judá había estado sin la Ley por cincuenta y siete años.

- ¿Cómo describirías la importancia del descubrimiento hecho en el templo? Explica tu respuesta.

[20] Entonces el rey ordenó a Hilcías, a Ahicam, hijo de Safán, a Abdón, hijo de Micaía, al escriba Safán y a Asaías, siervo del rey:

[21] "Vayan, consulten al SEÑOR por mí y por los que quedan en Israel y en Judá, acerca de las palabras del libro que se ha encontrado. Porque grande es el furor del SEÑOR que se derrama sobre nosotros, por cuanto nuestros padres no han guardado la palabra del SEÑOR, haciendo conforme a todo lo que está escrito en este libro."

2 Crónicas 34:22-28

²² Entonces Hilcías fue con los que el rey había dicho a la profetisa Hulda, mujer de Salum, hijo de Ticva, hijo de Harhas, encargado del vestuario. Ella habitaba en Jerusalén en el segundo sector, y hablaron con ella acerca de esto.

²³ Y ella les dijo: "Así dice el SEÑOR, Dios de Israel: 'Digan al hombre que los ha enviado a Mí:

²⁴ así dice el SEÑOR: "Voy a traer mal sobre este lugar y sobre sus habitantes, es decir, todas las maldiciones escritas en el libro que ellos han leído en presencia del rey de Judá.

OBSERVA

Después de años de idolatría en Judá, el libro de la Ley había sido encontrado y Josías aprendió que la nación estaba a punto de experimentar la ira de Dios como resultado de su desobediencia. Él comprensiblemente tenía algunas preguntas para el Señor, como vimos en 2 Crónicas 34:21. Vamos a continuar en nuestro estudio y veamos lo que sucedió después.

Líder: *Lee 2 Crónicas 34: 22-28. Haz que el grupo haga lo siguiente:*

- *Marque con un semicírculo las palabras* **rey**, **hombre**, **tú** *y* **él** *cuando se refieran a* **Josías**.
- *Dibuje un triángulo sobre todas las referencias al* **Señor**, *incluyendo pronombres.*
- *Marque* **corazón** *con un corazón.*
- *Dibuje un libro abierto sobre las referencias a* **la Ley**, *tales como* **libro** *y* **palabras**.

DISCUTE

- De acuerdo a los versículos 24-25, ¿qué mensaje le envió Dios a Josías? ¿Qué iba a hacer Dios y por qué?

- ¿De qué manera, si hay alguna, crees que el pueblo de Dios ha provocado Su juicio? Explica tu respuesta.

- Mira donde marcaste las referencias a rey. ¿Cómo se humilló Josías?

[25] "Por cuanto Me han abandonado y han quemado incienso a otros dioses para provocarme a ira con todas las obras de sus manos, por tanto Mi furor se derramará sobre este lugar, y no se apagará."'

[26] Pero al rey de Judá que los envió a ustedes a consultar al SEÑOR, así le dirán: 'Así dice el SEÑOR, Dios de Israel: "En cuanto a las palabras que has oído,

[27] porque se enterneció tu corazón y te humillaste delante de Dios cuando oíste Sus palabras contra este lugar y contra sus habitantes, y te humillaste delante de Mí, y rasgaste tus

vestidos y lloraste delante de Mí, ciertamente te he oído," declara el SEÑOR.

- ¿Cuál fue el resultado del corazón tierno de Josías y su humildad?

[28] "Te reuniré con tus padres y serás recogido en tu sepultura en paz, y tus ojos no verán todo el mal que Yo voy a traer sobre este lugar y sobre sus habitantes."'" Y llevaron la respuesta al rey.

- ¿Qué lección, si hay alguna, ves para nosotros en el presente? Discute.

| | Segunda Semana | 31 |

OBSERVA

Dios prometió contener su ira sobre Judá, siempre y cuando Josías estuviera vivo. Veamos la respuesta de Josías a esta noticia.

Líder: Lee 2 Crónicas 34: 29-33. Haz que el grupo diga en voz alta y...

- Marque **Josías** con un semicírculo.
- Dibuje un libro sobre todas las referencias a **la Palabra de Dios**, incluyendo **el libro de la alianza, mandamientos, testimonios** y así sucesivamente.
- Marque **corazón** con un corazón.

DISCUTE

- ¿Con quién estaba Josías y a dónde fueron?

- ¿Qué hizo Josías en la casa del Señor?

2 Crónicas 34:29-33

[29] Entonces el rey mandó reunir a todos los ancianos de Judá y de Jerusalén.

[30] Y subió el rey a la casa del SEÑOR con todos los hombres de Judá, los habitantes de Jerusalén, los sacerdotes, los Levitas y todo el pueblo, desde el mayor hasta el menor, y leyó en su presencia todas las palabras del Libro del Pacto que había sido hallado en la casa del SEÑOR.

[31] Después el rey se puso en pie en su lugar e hizo pacto delante del SEÑOR de andar en pos del SEÑOR y de guardar Sus mandamientos, Sus testimonios y Sus

estatutos con todo su corazón y con toda su alma, para cumplir las palabras del pacto escritas en este libro.

³² Además, hizo suscribir el pacto a todos los que se encontraban en Jerusalén y en Benjamín. Y los habitantes de Jerusalén hicieron conforme al pacto de Dios, el Dios de sus padres.

³³ Y Josías quitó todas las abominaciones de todas las tierras que pertenecían a los Israelitas, e hizo que todos los que se encontraban en Israel sirvieran al SEÑOR su Dios. Mientras él vivió no se apartaron de seguir al SEÑOR, Dios de sus padres.

- Un pacto es un acuerdo vinculante solemne. ¿Quién estuvo de acuerdo con el pacto descrito en el verso 31? ¿Cuál fue el resultado del pacto que se hizo ese día?

- ¿Cómo se relacionan las acciones de Josías con Deuteronomio 17:18-20, que leímos al principio de esta lección?

Segunda Semana | 33

OBSERVA

En 2 Crónicas 34:3-4 Josías tomó dos acciones importantes. La primera fue a buscar al *Dios de David su padre, incluso mientras era "un joven". ¡Tenía dieciséis años!* En segundo lugar, comenzó a *limpiar* la tierra de los lugares altos donde Israel estaba adorando a dioses falsos. En 2 Reyes 23 encontramos un pasaje paralelo que nos da un vistazo más de cerca a las acciones de Josías cuando purificó la tierra.

Líder: *Lee 2 Reyes 23:4-8, 10-11, 13, 19-20. Haz que el grupo lea en voz alta y…*

- *Marque todas las referencias a **Josías**, incluyendo pronombres, con un semicírculo.*
- *Haga un círculo a **todas las cosas y personas que Josías purificó** de la tierra, tales como **vasijas**, **Asera** y así sucesivamente.*

DISCUTE

Desplázate por el texto y discute todo lo que encerraste en un círculo. Ten en cuenta dónde estaban estas cosas y qué apreciación te da esto del estado de la nación y la cultura de la época de Josías.

2 Reyes 23:4-8, 10-11, 13, 19-20

⁴ Después el rey ordenó que el sumo sacerdote Hilcías y los sacerdotes de segundo orden y los guardianes del umbral, sacaran del templo del SEÑOR todas las vasijas que se habían hecho para Baal, para la Asera (deidad femenina) y para todo el ejército de los cielos, y los quemó fuera de Jerusalén en los campos del Cedrón y llevó sus cenizas a Betel (Casa de Dios).

⁵ Josías quitó a los sacerdotes idólatras que los reyes de Judá habían nombrado para quemar incienso en los lugares altos en las ciudades de Judá y en los alrededores de

Jerusalén, también a los que quemaban incienso a Baal, al sol y a la luna, a las constelaciones y a todo el ejército de los cielos.

- ¿Ves algunas similitudes en tu cultura el día de hoy? Si es así, ¿cómo te hace sentir? ¿Te hace querer tomar acciones específicas? ¿Cuáles y por qué?

⁶ Y sacó la Asera de la casa del SEÑOR fuera de Jerusalén, al torrente Cedrón, y la quemó junto al torrente Cedrón; la redujo a polvo y arrojó el polvo sobre los sepulcros de los hijos del pueblo.

⁷ También derribó las casas de los dedicados a la prostitución que estaban en la casa del SEÑOR, donde las mujeres tejían pabellones para la Asera.

- ¿Por qué no fue suficiente buscar al Señor? ¿Por qué era necesaria una purificación?

⁸ Entonces Josías trajo a todos los sacerdotes de las ciudades de Judá, y profanó los lugares altos

Segunda Semana | 35

- Observando el ejemplo de Josías, ¿puedes identificar algunas cosas, actividades o personas que necesitas purgar de tu vida porque están tomando la prioridad que como derecho le pertenece a Dios?

donde los sacerdotes habían quemado incienso, desde Geba hasta Beerseba, y derribó los lugares altos de las puertas que estaban a la entrada de la Puerta de Josué, gobernador de la ciudad, a la izquierda de la puerta de la ciudad.

[10] También profanó al Tofet que está en el Valle de Ben Hinom, para que nadie hiciera pasar por fuego a su hijo o a su hija para honrar a Moloc.

- Ahora detente y piensa acerca de lo que has observado. ¿Qué trajo toda esta purificación?

[11] A la entrada de la casa del SEÑOR, junto a la cámara de Natán Melec, el oficial que estaba en las dependencias, quitó los caballos que los reyes de Judá habían dedicado al sol,

y prendió fuego a los carros del sol.

- ¿Qué te dice esto acerca del rol de la Palabra de Dios?

¹³ El rey también profanó los lugares altos que estaban frente a Jerusalén, los que estaban a la derecha del monte de destrucción, que Salomón, rey de Israel, había edificado a Astoret, abominación de los Sidonios, y a Quemos, abominación de los Moabitas, y a Milcom, ídolo abominable de los Amonitas.

¹⁹ Josías quitó también todas las casas de los lugares altos que estaban en las ciudades de Samaria, las cuales habían hecho los reyes de Israel provocando a ira al SEÑOR. Les hizo

- Al estudiar estos pasajes esta semana, ¿hay algo que te hace preguntar si se ha perdido la Palabra de Dios en la casa de Dios?

tal y como había hecho en Betel.

[20] Y mató sobre los altares a todos los sacerdotes de los lugares altos que estaban allí, y quemó huesos humanos sobre ellos. Y regresó a Jerusalén.

2 Reyes 23:21-23

²¹ Entonces el rey ordenó a todo el pueblo: "Celebren la Pascua al SEÑOR su Dios como está escrito en este Libro del Pacto."

²² En verdad que tal Pascua no se había celebrado desde los días de los jueces que gobernaban a Israel, ni en ninguno de los días de los reyes de Israel y de los reyes de Judá.

²³ Sólo en el año dieciocho del rey Josías fue celebrada esta Pascua al SEÑOR en Jerusalén.

OBSERVA

Líder: Lee 2 Reyes 23:21-23 y haz que el grupo diga en voz alta y marque…

- *Todas las referencias de **Josías**, incluyendo pronombres, con un semicírculo.*
- *Cada referencia a **la Pascua** con una **P** grande.*

ACLARACIÓN

Dios mandó a Su pueblo que celebraran tres fiestas anuales. La primera de ellas fue la Fiesta de la Pascua, que incluía la Fiesta de los Panes sin Levadura y la Fiesta de las Primicias.

La Pascua era para recordar cuando Dios preservó a Su pueblo del ángel de la muerte y cuando los liberó de su esclavitud de Egipto. Tenía que ser celebrada cada año en el décimo cuarto día del primer mes (levítico 23:5).

DISCUTE

- ¿Qué aprendes al marcar las referencias acerca de la Pascua?

- ¿Por qué se celebraba?

- ¿Qué te dice esto acerca del corazón de Josías hacia Dios, ya que mandó al pueblo a celebrar esta fiesta?

- ¿Qué rol tendría la Palabra de Dios en la vida de alguien que fuera apasionado por Dios? ¿Qué rol juega en tu vida ahora?

FINALIZANDO

Nuestra vida es ajetreada. El trabajo es demandante. ¡Las cosas de este mundo son atractivas, seductoras! Vamos a la cama exhaustos. Nos levantamos cansados. Y vivimos en un mundo de personas que, la mayoría del tiempo, no tienen interés en las cosas de Dios. No mantienen Su Palabra; de hecho Jesús dice que lo aborrecen (Juan 15:18-25). Este es el mundo en que vivimos, un mundo que inevitablemente sofocará nuestra pasión espiritual a menos que continuamente lo alimentemos con la Palabra de Dios que es viva y activa.

Jesús dijo que vivimos de toda palabra que sale de la boca de Dios (Mateo 4:4). Dios dice: "Bienaventurado los que tienen hambre y sed de justicia, pues ellos serán saciados (Mateo 5:6).

Si somos cristianos verdaderos, genuinos y no hipócritas, entonces nuestros cuerpos son Su templo, la casa de Dios. Así que la pregunta es, ¿qué rol tiene la Palabra de Dios en tu vida? ¿Se ha perdido en Su casa?

En 2 Timoteo 3:16-17 Pablo escribió: "Toda Escritura es inspirada por Dios y útil para enseñar, para reprender, para corregir, para instruir en justicia, a fin de que el hombre de Dios sea perfecto (apto), equipado para toda buena obra."

Si vamos a amar a Dios con todo nuestro corazón, alma, mente y fuerza, no podemos descuidar la Palabra inspirada de Dios.

TERCERA SEMANA

El cristianismo es una relación con Dios. Él nos habla en Su Palabra y como los discípulos antiguos, nuestros corazones arden mientras Él nos habla y explica las Escrituras.

Hablamos con Él en oración y cuando nos hemos comunicado verdaderamente con Él – cuando sabemos que Él ha oído o hablado – se enciende un fuego.

A través de la oración, un nuevo soplo del Espíritu despierta las brasas del amor, haciendo que ardan más fuerte. La pasión se agita y hay destellos de esperanza.

¡Nuestro Dios está allí! ¡Él escucha! ¡Es real y queremos más de Él!

OBSERVA

No hay nada como una oración respondida para encender nuestra pasión por Dios. Y para nosotros, en este punto de nuestro estudio, no hay mejor ilustración que lo que le pasó a Manasés, el abuelo malvado de Josías, el cual mencionamos en nuestro estudio la semana pasada.

Líder: Lee 2 Crónicas 33:9 -13 en voz alta. Haz que el grupo diga en voz alta y ...
- *Subraye cada referencia a **Manasés**, incluyendo los pronombres **su**, **se** y **lo** cuando se refiere al rey.*
- *Ponga un triángulo sobre cada referencia al **Señor** incluyendo pronombres.*
- *Marque cada referencia a **implorar a Dios**, **oración**, **súplica**, de esta manera: oración*

2 Crónicas 33:9-13

⁹ Así Manasés hizo extraviar a Judá y a los habitantes de Jerusalén para que hicieran lo malo más que las naciones que el SEÑOR había destruido delante de los Israelitas.

¹⁰ El SEÑOR habló a Manasés y a su pueblo, pero ellos no hicieron caso.

¹¹ Por eso el SEÑOR hizo venir contra ellos a los capitanes del ejército del rey de Asiria, que capturaron a Manasés con garfios, lo ataron con cadenas de bronce y lo llevaron a Babilonia.

¹² Cuando estaba en angustia, Manasés imploró al SEÑOR su Dios, y se humilló grandemente delante del Dios de sus padres.

¹³ Y cuando oró a Él, Dios se conmovió por su ruego, oyó su súplica y lo trajo de nuevo a Jerusalén, a su reino. Entonces Manasés reconoció que el SEÑOR era Dios.

DISCUTE

- ¿Qué te dice Dios acerca de Manasés en estos versículos?

- Observa el *por eso* en el versículo 11. ¿Cuál es la conexión entre el versículo 10 y lo que pasa *por eso*?

- ¿Qué aprendes acerca de Dios en el versículo 13? ¿Qué efecto, si lo hay, tiene en tu propio punto de vista acerca de la oración?

- ¿Qué se logró mediante la oración, al suplicarle al Señor?

Tercera Semana | 43

OBSERVA
Veamos que pasó después de eso.

Líder: *Lee 2 Crónicas 33: 14-20 en voz alta.*
- *Una vez más haz que el grupo subraye cada referencia a **Manasés**, incluyendo pronombres y conjugaciones verbales.*

DISCUTE
- ¿Qué hizo Manasés y que aprendes de la relación del rey con el Señor?

2 Crónicas 33:14-20

[14] Después de esto, Manasés edificó la muralla exterior de la ciudad de David al occidente de Gihón, en el valle, hasta la entrada de la Puerta del Pescado; y rodeó con ella el Ofel y la hizo muy alta. Entonces puso capitanes del ejército en todas las ciudades fortificadas de Judá.

[15] También quitó los dioses extranjeros y el ídolo de la casa del SEÑOR, así como todos los altares que había edificado en el monte de la casa del SEÑOR y en Jerusalén, y los arrojó fuera de la ciudad.

[16] Reparó el altar del SEÑOR, y sacrificó

sobre él ofrendas de paz y ofrendas de gratitud; y ordenó a Judá que sirviera al SEÑOR, Dios de Israel.

- Regresando al pasaje de 2 Crónicas 33:9-13, ¿qué produjo la acción de Manasés?

^{17} Sin embargo, el pueblo aún sacrificaba en los lugares altos, aunque sólo al SEÑOR su Dios.

^{18} Los demás hechos de Manasés, y su oración a su Dios, y las palabras de los videntes que le hablaron en el nombre del SEÑOR, Dios de Israel, están en los registros de los reyes de Israel.

- ¿Qué aprendes de Dios en el versículo 19? ¿Qué estímulo personal podría obtenerse al conocer esto?

^{19} También su oración y cómo fue oído, todo su pecado y su infidelidad, y los sitios donde edificó lugares altos y levantó las Aseras y las

- ¿Alguna vez tú o alguien que conoces ha experimentado una crisis, oraste y luego hayas sido testigo de que Dios se mueve para responder la oración? ¿Qué pasó con tu relación con Dios o la relación de esa persona con Dios y por qué?

imágenes talladas antes de humillarse, están escritos en los registros de los Hozai.

[20] Manasés durmió con sus padres, y lo sepultaron en su casa; y su hijo Amón reinó en su lugar.

OBSERVA

El ejemplo de Manasés nos da algunos indicadores del impacto que el pecado tiene en nuestra relación con Dios. El pecado nos separa de nuestro Dios. Así que, ¿cuál es la solución?

Líder: *Lee Salmo 32:1-4 en voz alta. Haz que el grupo diga en voz alta y ...*
- *Subraye cada referencia a **la persona**: cada **él**, **hombre**, **yo**, **mí** y **mi**.*
- *Marque todas las referencias a **transgresión**, **pecado**, **iniquidad** con una **X** grande.*

Salmos 32:1-4

[1] ¡Cuán bienaventurado es aquél cuya transgresión es perdonada, Cuyo pecado es cubierto!

[2] ¡Cuán bienaventurado es el hombre a quien el SEÑOR no culpa de iniquidad, Y en cuyo espíritu no hay engaño!

³ Mientras callé mi pecado, mi cuerpo se consumió con mi gemir durante todo el día.

⁴ Porque día y noche Tu mano pesaba sobre mí; mi vitalidad se desvanecía con el calor del verano. (Selah)

DISCUTE

- El versículo 4 termina con *Selah*, que significa que se debe hacer una pausa y reflexionar en lo que ha sido escrito. Así que haz una pausa y mira donde has marcado en el texto. Discute la situación de esta persona. ¿Cuál es su problema? ¿Qué le pasó a esta persona, a su cuerpo y por qué?

Salmos 32:5-11

⁵ Te manifesté mi pecado, Y no encubrí mi iniquidad. Dije: "Confesaré mis transgresiones al SEÑOR;" Y Tú perdonaste la culpa de mi pecado. (Selah)

⁶ Por eso, que todo santo ore a Ti en el tiempo en que puedas ser hallado; Ciertamente, en la inundación de muchas

OBSERVA

Líder: Lee Salmo 32:5-11 en voz alta. Haz que el grupo haga lo siguiente:

- *Subraye cada referencia a* **la persona**: *cada* **yo**, **mí** *y* **me**.
- *Marque todas las referencias a* **transgresión, pecado, iniquidad** *con una* **X** *grande*.
- *Ponga un triángulo sobre las referencias* **al Señor**, *incluyendo pronombres*.
- *Marque* **oración** *de esta manera:* ⌒oración⌒

DISCUTE

- ¿Qué hizo esta persona en relación con su pecado? ¿Qué respondió el Señor?

Tercera Semana

- El versículo 6 empieza con "por eso", que es término de conclusión. Lo que precedió lleva a un punto de entendimiento. Entonces, ¿cuál es la aplicación para el lector de este salmo?

- ¿Qué sentía el salmista acerca de Dios? ¿Qué dijo acerca de Él y qué efecto tuvo esto en su espíritu?

- ¿Qué le dijo Dios al salmista que haría?

- ¿Por qué crees que Dios hizo esta promesa?

- ¿Ves la pasión encendida en el salmista y en los otros que confiaron en el Señor? Si es así, ¿cuál es la evidencia y cuál es el factor determinante? (No pierdas la forma de cómo se describe a estas personas en el versículo 11).

aguas, no llegarán éstas a él.

[7] Tú eres mi escondedero; de la angustia me preservarás; Con cánticos de liberación me rodearás. (Selah)

[8] Yo te haré saber y te enseñaré el camino en que debes andar; Te aconsejaré con Mis ojos puestos en ti.

[9] No seas como el caballo o como el mulo, que no tienen entendimiento; Cuyos arreos incluyen brida y freno para sujetarlos, Porque si no, no se acercan a ti.

[10] Muchos son los dolores del impío, Pero al que confía en el

SEÑOR, la misericordia lo rodeará.

[11] Alégrense en el SEÑOR y regocíjense, justos; Den voces de júbilo todos ustedes, los rectos de corazón.

- ¿Cómo puedes utilizar este Salmo para ayudar a alguien que se siente apartado de Dios – vacío, espiritualmente caído, insensible hacia el Señor y las cosas del Señor?

Juan 15:1-10, 16

[1] "Yo soy la vid verdadera, y Mi Padre es el viñador.

[2] Todo sarmiento que en Mí no da fruto, lo quita; y todo el que da fruto, lo poda para que dé más fruto.

[3] Ustedes ya están limpios por la palabra que les he hablado.

[4] Permanezcan en Mí, y Yo en ustedes. Como el sarmiento no puede dar fruto por sí mismo si no

OBSERVA

¡Si hay algo que debe agitar nuestros corazones y aumentar nuestra pasión por Dios, sería el saber que Él no sólo nos escucha cuando oramos, sino que contesta!

Líder: Lee Juan 15: 1-10, 16. Haz que el grupo haga lo siguiente:

- *Marque todas las referencias a **Jesús**, incluyendo pronombres, con una cruz:*

✝

- *Subraye cada vez que aparezca **ustedes** en referencia a los discípulos y algún pronombre que se refiera a **aquel que permanece**.*
- *Haga un círculo cada vez que aparezca la palabra **permanezca (permanece)**.*
- *Marque la palabra **pedir** de esta manera:* ⟨pedir⟩

Tercera Semana | 49

ACLARACIÓN

La palabra griega traducida aquí como *permanece* es *meno*. Significa "habitar, quedar, hacer tu hogar en él, permanecer en un estado dado." En el versículo 4, *permanezcan* es un verbo imperativo aoristo que significa que es un mandamiento.

DISCUTE

- ¿Qué aprendiste al marcar las referencias acerca de Jesús? ¿Cuál es Su relación con el Padre y con los creyentes?

- ¿Qué aprendes acercas de los sarmientos que permanecen en Jesús?

- De acuerdo a los versículos 9-10, ¿en qué tenemos que permanecer y cómo se hace eso?

permanece en la vid, así tampoco ustedes si no permanecen en Mí.

⁵ Yo soy la vid, ustedes los sarmientos; el que permanece en Mí y Yo en él, ése da mucho fruto, porque separados de Mí nada pueden hacer.

⁶ Si alguien no permanece en Mí, es echado fuera como un sarmiento y se seca; y los recogen, los echan al fuego y se queman.

⁷ Si permanecen en Mí, y Mis palabras permanecen en ustedes, pidan lo que quieran y les será hecho.

⁸ En esto es glorificado Mi Padre, en que den mucho fruto, y así

prueben que son Mis discípulos.

⁹ Como el Padre Me ha amado, así también Yo los he amado; permanezcan en Mi amor.

- ¿Qué aprendes al marcar *pedir* en los versículos 7 y 16? ¿Cuál sería un sinónimo de *pedir*?

¹⁰ Si guardan Mis mandamientos permanecerán en Mi amor, así como Yo he guardado los mandamientos de Mi Padre y permanezco en Su amor.

- Solo para asegurarnos de que no nos olvidamos de algo, ¿qué nos permite pedir y estar confiados que Dios oirá y actuará para respondernos?

¹⁶ Ustedes no me escogieron a Mí, sino que Yo los escogí a ustedes, y los designé para que vayan y den fruto, y que su fruto permanezca; para que todo lo que pidan al Padre en Mi nombre se lo conceda.

- De manera práctica, ¿de qué manera, conocer y obedecer las verdades de Juan 15, despierta tu pasión por Cristo?

FINALIZANDO

Jesús nos enseñó que nosotros debemos permanecer, habitar, vivir en Él y que Sus palabras deben permanecer, habitar, vivir en nosotros. Cuando esto sucede, cualquier cosa que pidamos se nos dará. E.M Bounds escribió: "La oración es la más grande de todas las fuerzas, porque honra a Dios y lo pone en ayuda activa." *

Dios quiere responder la oración, pero Su santidad, Su justicia no pueden permitirle que nos responda cuando a sabiendas permitimos el pecado en nuestras vidas y no estamos dispuestos a confesarlo por lo que es y a abandonarlo.

Juan registró la verdad en su evangelio: "Sabemos que Dios no oye a los pecadores; pero si alguien teme a Dios y hace su voluntad, a ése oye" (Juan 9:31). Cuando escribió 1 Juan, Juan fue movido por el Espíritu para decirnos que "Si decimos que no tenemos pecado, nos engañamos a nosotros mismos y la verdad no está en nosotros" (1: 8). Pero también nos aseguró: "Si confesamos nuestros pecados, Él es fiel y justo para perdonar nuestros pecados y limpiarnos de toda maldad" (1: 9).

¿Recuerdas los sarmientos de la vid en Juan 15? Ellos necesitan la poda para soportar mayor fruto. ¡Así que si quieres encender tu pasión por el Señor, para cantar "canciones de la liberación" (Salmo 32:7), si quieres ser usado por Dios para confrontar el pecado y traer la reforma como lo hizo Manasés (2 Crónicas 33:14- 20) y si deseas pedir expectante en su nombre con confianza (Juan 15:16) – entonces levanta tus "manos limpias" y ora (1 Timoteo 2:8)!

---

* E.M. Bounds, La *Obra Completa de E. M. Bounds sobre la Oración* (Grand Rapids, Mi: Baker, 1990), 317.

Puedes estar seguro que cuando tu vida y tus oraciones se alinean con la voluntad de Dios, serán contestadas. Esta es la razón por la que es tan importante entender y conocer la Palabra de Dios por ti mismo, porque la conoces, permaneces en ella *y oras,* podrás ver a Dios moverse de una manera mucho más allá de lo que podrías pedir o imaginar.

CUARTA SEMANA

Hoy en día cuando alguien menciona la adoración, nuestras mentes a menudo recurren a la parte de "la alabanza" del servicio de la iglesia – del canto de canciones o himnos que preceden al sermón. En consecuencia, dependiendo de nuestras preferencias o experiencia, la palabra *adoración* puede suscitar todo tipo de emociones y debate.

Sin embargo, de acuerdo con la Biblia, la alabanza implica algo más que el tiempo de canciones durante un servicio de iglesia. La adoración es tanto una actitud como un acto. La palabra significa "inclinarse", por lo tanto la adoración es el acto de inclinarse ante Dios para mostrar Su mérito y valor mientras revelamos nuestra actitud de humildad.

Esta semana consideraremos la relación entre la adoración y una pasión vibrante por Dios.

OBSERVA

Empecemos observando la primera vez que se traduce la palabra hebrea *shachah* como *adoración* en la Biblia.

Líder: Lee Génesis 22:1-12, 18 en voz alta. Haz que el grupo diga y ...

- Subraye cada referencia a **Abraham** incluyendo pronombres.
- Marque **amor** con un corazón: ♡
- Coloque un visto bueno sobre la palabra **obedecido**, así como este: ✓
- Marque **adoración** y **temor** con una **A** grande.

Génesis 22:1-12, 18

¹ Aconteció que después de estas cosas, Dios probó a Abraham, y le dijo: "¡Abraham!" Y él respondió: "Aquí estoy."

² Y Dios dijo: "Toma ahora a tu hijo, tu único, a quien amas, a Isaac, y ve a la tierra de Moriah, y ofrécelo allí en holocausto sobre uno de los montes que Yo te diré."

³ Abraham se levantó muy de mañana, aparejó su asno y tomó con él a dos de sus criados y a su hijo Isaac. También partió leña para el holocausto, y se levantó y fue al lugar que Dios le había dicho.

⁴ Al tercer día alzó Abraham los ojos y vio el lugar de lejos.

⁵ Entonces Abraham dijo a sus criados: "Quédense aquí con el asno. Yo y el muchacho iremos hasta allá, adoraremos y volveremos a ustedes."

⁶ Tomó Abraham la leña del holocausto y la puso sobre Isaac su hijo, y tomó en su mano el fuego y el cuchillo. Y los dos iban juntos.

DISCUTE

- De acuerdo al versículo 1, ¿qué estaba haciendo Dios a Abraham?

- ¿Qué aprendes al marcar *amor*?

- ¿Cómo respondió Abraham a la instrucción de Dios?

Cuarta Semana | 55

- Se menciona la adoración en el versículo 5. Describe el contexto en el que se usa. ¿Cómo adorarán Abraham e Isaac?

- ¿Qué aprendes al marcar *obedecido*?

- ¿Qué conexión, si hay alguna, ves entre estas palabras, muchas de ellas se usan por primera vez en la Palabra de Dios en este pasaje: *amor, adoración, temor* y *obedecer*? (Ten en cuenta todo lo que has aprendido durante las tres semanas anteriores en este estudio).

⁷ Isaac habló a su padre Abraham: "Padre mío." Y él respondió: "Aquí estoy, hijo mío." "Aquí están el fuego y la leña," Isaac dijo, "pero ¿dónde está el cordero para el holocausto?"

⁸ Y Abraham respondió: "Dios proveerá para sí el cordero para el holocausto, hijo mío." Y los dos iban juntos.

⁹ Llegaron al lugar que Dios le había dicho y Abraham edificó allí el altar, arregló la leña, ató a su hijo Isaac y lo puso en el altar sobre la leña.

¹⁰ Entonces Abraham extendió su mano y tomó el cuchillo para sacrificar a su hijo.

¹¹ Pero el ángel del SEÑOR lo llamó desde el cielo y dijo: "¡Abraham, Abraham!" Y él respondió: "Aquí estoy."

¹² Y el ángel dijo: "No extiendas tu mano contra el muchacho, ni le hagas nada. Porque ahora sé que temes (reverencias) a Dios, ya que no Me has rehusado tu hijo, tu único."

¹⁸ "En tu simiente serán bendecidas todas las naciones de la tierra, porque tú has obedecido Mi voz."

ACLARACIÓN

La palabra hebrea *shachah*, que mayormente se traduce como *adoración* o *inclinarse*, significa "inclinarse, postrarse." Se utiliza respecto a inclinarse ante un superior en homenaje, delante de Dios en adoración, ante dioses falsos y ante ángeles.*

Rendir homenaje a otros es respetarlos, honrarlos por lo que son o por la posición que ocupan. Es similar a temer, respetar, confiar, honrar. El erudito de lenguaje del Antiguo Testamento, H. F. Fuchs escribió que "el temor de Dios se convierte en sinónimo de reverencia, adoración y obediencia al mandato de Dios.**

Una forma simple de pensar en la adoración es mirar el valor de Dios y pensar y actuar de acuerdo a eso.

---

*J. Strong, *Léxico Mejorado de Strong* (Bellingham, WA: Logos Bible Software, 2001).
**H. F. Fuchs, *Diccionario Teorético del Antiguo Testamento*, ed. G. Johannes Botterweck and Helmer Ringgren (Grand Rapids, MI: Eerdmans, 1990), 2:298.

- ¿Cómo encaja lo que has observado en Génesis 22 con tu entendimiento de la adoración?

OBSERVA

En el antiguo Israel, el arca del pacto era el símbolo primario de la presencia de Dios. En 1 Crónicas 15, David trajo el arca a Jerusalén con una celebración exuberante y guió al pueblo en un tiempo de adoración. Veamos lo que podemos aprender de sus palabras.

Líder: Lee 1 Crónicas 16:28-36 en voz alta lentamente. Haz que el grupo:
- *Ponga un visto bueno sobre la palabra **tributen**.*
- *Marque la palabra **adoración** con una **A** grande. Solo se utiliza una vez, pero no queremos que la pierdas.*
- *Marque toda referencia a **alabanza** con una **E** grande.*

1 Crónicas 16:28-36

[28] Tributen al SEÑOR, oh familias de los pueblos, Tributen al SEÑOR gloria y poder.

[29] Tributen al SEÑOR la gloria debida a Su nombre; Traigan ofrenda, y vengan delante de Él; Adoren al SEÑOR en la majestad de la santidad.

[30] Tiemblen ante Su presencia, toda la tierra;

Ciertamente el mundo está bien afirmado, será inconmovible.

³¹ Alégrense los cielos y regocíjese la tierra; Y digan entre las naciones: "El SEÑOR reina."

³² Ruja el mar y cuanto contiene; Regocíjese el campo y todo lo que en él hay.

³³ Entonces los árboles del bosque cantarán con gozo delante del SEÑOR; Porque viene a juzgar la tierra.

³⁴ Den gracias al SEÑOR, porque Él es bueno; Porque para siempre es Su misericordia.

³⁵ Entonces digan: "Sálvanos, oh Dios de nuestra salvación,

ACLARACIÓN

La palabra *tributen* significa "dar crédito al autor o a la fuente". David dirigió al pueblo a tributar gloria – honor, una correcta estima, valor, solemnidad – a Dios.

La verdadera adoración es tributar el crédito que le corresponde a nuestro santo Dios, que declara: "Yo soy el SEÑOR, ese es mi Nombre; No daré mi gloria a otro, ni mi alabanza a imágenes talladas" (Isaías 42: 8).

DISCUTE

- La exhortación a adorar al Señor con vestiduras o vestidos santos, también se encuentra en 2 Crónicas 20:21 y en el Salmo 29:2; 96:9. Hay diferentes interpretaciones de la frase y nadie está muy seguro de lo que significa adorar con vestiduras santas. Sin embargo, si queremos atribuir al Señor la gloria debida a Su nombre, ¿cómo afectaría la forma en que adoramos, incluyendo la forma de vestir cuando le adoramos?

Cuarta Semana 59

- Si no queremos distraer a otros alrededor nuestro cuando adoramos a Dios y nuestro deseo es darle toda la gloria a Él, ¿cómo puede impactar eso nuestra decisión de cómo vestimos?

y júntanos y líbranos de las naciones, para que demos gracias a Tu santo nombre, y nos gloriemos en Tu alabanza."

[36] Bendito sea el SEÑOR, Dios de Israel, Desde la eternidad hasta la eternidad. Entonces todo el pueblo dijo: "Amén;" y alabó al SEÑOR.

OBSERVA

Después de una explicación detallada acerca del Evangelio de Jesucristo, Pablo escribió Romanos 12:1-2. Este pasaje comienza con "por lo tanto", que, como hemos visto, es un término de conclusión. Veamos esa conclusión.

Líder: Lee Romanos 12:1-2 en voz alta. Haz que el grupo diga y ...
- *Subraye **hermanos** y cada **ustedes** y **sus**.*
- *Marque **culto racional** con una A grande.*

Romanos 12:1-2

[1] Por tanto, hermanos, les ruego por las misericordias de Dios que presenten sus cuerpos como sacrificio vivo y santo, aceptable (agradable) a Dios, que es el culto racional de ustedes.

[2] Y no se adapten (no se conformen)

a este mundo, sino transfórmense mediante la renovación de su mente, para que verifiquen cuál es la voluntad de Dios: lo que es bueno y aceptable (agradable) y perfecto.

DISCUTE

- ¿Qué les rogó Pablo a los hermanos, creyentes, que hicieran en el versículo 1?

- ¿Qué motivo dio?

- Así que, ¿qué aprendes acerca de la adoración en Romanos 12:1?

- ¿Qué instrucción encuentras en el versículo 2?

ACLARACIÓN

La palabra *adaptar* es traducida del griego *suschematizo* (*syschematizo*) y significa "hacerse igual." Podría ser descrito como ser comprimido en un molde.

La palabra griega traducida aquí como *transformarse* es *metamorphoo*, que significa "transformarse, cambiarse, transfigurarse." Piensa en la oruga al convertirse en una mariposa.

- De acuerdo al versículo 2, ¿cómo se da esta transformación?

- ¿Qué pasa como resultado? ¿Cuál es el beneficio, el resultado final de ser transformado? ¿Qué podemos hacer después?

- ¿Qué te dice Dios mediante el apóstol Pablo acerca de Su voluntad?

- ¿Realmente crees eso? ¿Por qué si o por qué no?

- ¿Notaste que Pablo rogó a los lectores de esta carta que adoraran a Dios de esta manera? ¿De qué manera adorar así demuestra o impacta tu pasión por Dios?

Juan 4:19-24

¹⁹ La mujer Le dijo: "Señor, me parece que Tú eres profeta.

²⁰ Nuestros padres adoraron en este monte, y ustedes dicen que en Jerusalén está el lugar donde se debe adorar."

²¹ Jesús le dijo: "Mujer, cree lo que te digo: la hora viene cuando ni en este monte ni en Jerusalén adorarán ustedes al Padre.

²² Ustedes adoran lo que no conocen; nosotros adoramos lo que conocemos, porque la salvación viene de los Judíos.

²³ Pero la hora viene, y ahora es, cuando los

OBSERVA

Unámonos a un diálogo entre Jesús y una mujer samaritana en el pozo de Jacob. Jesús acaba de decirle que él sabe que ella ha tenido cinco maridos y el hombre que está viviendo con ella ahora no es su marido. Nota como ella responde.

Líder: Lee Juan 4:19-24
- Haz que el grupo marque **adoración** con una **A**.

DISCUTE

- ¿Quién trae a colación el tema de la adoración y qué está señalando esta persona?

- ¿Cómo respondió Jesús? ¿Qué aprendes acerca de la adoración por Su respuesta?

- ¿Qué hace un verdadero adorador y por qué?

- Así que, ¿qué te dice esto acerca de la adoración?

Cuarta Semana | 63

- De acuerdo a Jesús, ¿qué está buscando el Padre?

- ¿Cómo crees que se vería esa clase de adoración en la vida de una persona?

verdaderos adoradores adorarán al Padre en espíritu y en verdad; porque ciertamente a los tales el Padre busca que Lo adoren.

- ¿Calificarías? ¿Por qué si o por qué no?

24 Dios es espíritu, y los que Lo adoran deben adorar en espíritu y en verdad."

OBSERVA
Líder: Lee Filipenses 3:3 en voz alta.
- *Haz que el grupo marque* ***adoración*** *con una* **A**.

Filipenses 3:3

3 Porque nosotros somos la verdadera circuncisión, que adoramos en el Espíritu de Dios y nos gloriamos en Cristo Jesús, no poniendo la confianza en la carne.

DISCUTE
- La verdadera circuncisión de la que escribió Pablo es la del corazón, la eliminación de un corazón de piedra y la recepción de un corazón de carne. En otras palabras, él estaba describiendo a los que están bajo el nuevo pacto de la gracia y no bajo la Ley. Entonces, ¿cómo adora dicha persona?

- ¿Qué conexión, si hay alguna, ves aquí con lo que Jesús le dijo a la mujer en Juan 4? Explica tu respuesta.

Apocalipsis 5:7-14

⁷ Él vino y tomó el libro de la mano derecha de Aquél que estaba sentado en el trono.

⁸ Cuando tomó el libro, los cuatro seres vivientes y los veinticuatro ancianos se postraron delante del Cordero. Cada uno tenía un arpa y copas de oro llenas de incienso, que son las oraciones de los santos.

⁹ Y cantaban un cántico nuevo, diciendo: "Digno eres de tomar el libro y de abrir sus sellos, porque Tú fuiste inmolado, y con

OBSERVA

Líder: *Lee Apocalipsis 5:7-14 en voz alta. Haz que el grupo...*

- *Marque cada referencia a **Jesús**, incluyendo pronombres y sinónimos como **Cordero**, con una cruz:* ✝
- *Ponga una nube alrededor de **digno**, como esta:* ☁
- *Marque **adoración** con una **A** grande.*

DISCUTE

- ¿Qué aprendiste acerca de Jesús en este pasaje?

- ¿Por qué Él es digno de adoración?

Cuarta Semana

- Solo para que no lo pierdas, ¿qué acto específico de Jesús merece la alabanza según el versículo 9?

- ¿Cuáles son los resultados de esta acción?

Tu sangre compraste (redimiste) para Dios a gente de toda tribu, lengua, pueblo y nación.

¹⁰ Y los has hecho un reino y sacerdotes para nuestro Dios; y reinarán sobre la tierra."

¹¹ Y miré, y oí la voz de muchos ángeles alrededor del trono y de los seres vivientes y de los ancianos. El número de ellos era miríadas de miríadas, y millares de millares,

¹² que decían a gran voz: "El Cordero que fue inmolado es digno de recibir el poder, las riquezas, la sabiduría, la fortaleza, el honor, la gloria y la alabanza."

¹³ Y oí decir a toda cosa

creada que está en el cielo, sobre la tierra, debajo de la tierra y en el mar, y a todas las cosas que en ellos hay: "Al que está sentado en el trono, y al Cordero, sea la alabanza, la honra, la gloria y el dominio por los siglos de los siglos."

[14] Los cuatro seres vivientes decían: "Amén," y los ancianos se postraron y adoraron.

- Mira de nuevo en 1 Crónicas 16:28-36, que estudiamos al inicio de esta semana. ¿De qué manera este pasaje relata lo que ves en Apocalipsis 5:9-14?

- ¿De qué manera lo que has observado en esta lección te ayuda a moldear tu entendimiento de lo que significa la adoración?

FINALIZANDO

Al ver a tu sociedad, la cultura en la que vives, ¿ves muchos que han destruido sus vidas? ¿Te has preguntado por qué? ¿Qué faltaba en sus vidas que persiguieron el dinero, el poder, la fama, el sexo, las drogas, el alcohol, su felicidad, sus objetivos a costa de los demás?

¿Habrían hecho eso si hubieran andado en el temor del Señor, si hubieran seguido el conocimiento de Dios, la sabiduría de Dios en lugar de la sabiduría de este mundo que desprecia la autoridad del Señor?

En muchos países, la fama en sus diferentes formas, a menudo se convierte en el estándar para aquellos que imitan el vestido, el caminar, el hablar, las acciones y el estilo de vida de los personajes famosos. De alguna manera la fama equivale a autoridad, por lo que los medios de comunicación le piden a las celebridades opinar sobre diversos temas. Y las naciones les escuchan a ellos en lugar de a Dios. La Biblia se dejó a un lado como irrelevante, mientras que los seres humanos se convierten en la medida de lo que es correcto y lo incorrecto.

Oh, cuánto necesitamos darnos cuenta de que Dios ha hablado. En el Salmo 2 y en otros pasajes Él ha mostrado su autoridad y gobierno soberano sobre este mundo. Mientras muchos siguen elaborando planes para elevarse a sí mismos al lugar de autoridad y el poder, fallan en reconocer que sólo hay Uno que tiene todo el poder, toda la autoridad y que es digno de nuestra alabanza. Las naciones han perdido el temor del Señor. Ellos gobiernan fuera de las leyes y los mandatos de Dios. Ellos conspiran y diseñan sus planes en vano.

Ahora la gente se opone, se burla y a menudo silencia por intimidación a los que temen al Señor. La voluntad y los caprichos de una sociedad construida por creencias variadas que a menudo se oponen a la Palabra de Dios es honrada por encima de las verdades que se encuentran en las Escrituras. Los que no creen en Dios ni honran a la Biblia como la Palabra de Dios, parecen querer borrar incluso el hecho de mencionar Su nombre y los preceptos de Su Palabra de la sociedad. Tienes una idea de lo que Dios dice acerca de Sí mismo en la segunda lección de este estudio. ¿Qué hará el Dios Soberano en y a las naciones si esto sigue así? El resultado de estas decisiones tendrá un impacto en el mundo.

¿Puedes hacer algo? Sí. Al terminar cada lección, revisa lo que has aprendido. Piensa en ello. Estás estudiando la Palabra de Dios, la verdad. De acuerdo con Jesucristo, es la verdad la que te guarda del Maligno, la que te aleja, la que te enseña el temor del Señor.

Ni teman lo que ellos temen, ni se aterroricen.

Al SEÑOR de los ejércitos es a quien ustedes deben tener por santo.

Sea Él su temor,

Y sea Él su terror (Isaías 8:12-13).

Así que aprende el temor del Señor, vive en el temor del Señor y enseña del temor del Señor a otros. Si ellos escuchan, continúa. Si no lo hacen, sacude el polvo de tus pies y encuentra a aquellos que si lo harán. Escucha a Jesús.

> Yo les he dado Tu palabra y el mundo los ha odiado, porque no son del mundo, como tampoco Yo soy del mundo. No Te ruego que los saques del mundo, sino que los guardes del (poder del) maligno (del mal). Ellos no son del mundo, como tampoco Yo soy del mundo. Santifícalos en la verdad; Tu palabra es verdad. Como Tú Me enviaste al mundo, Yo también los he enviado al mundo (Juan 17:14-18).

Así que ve al mundo y adora a Dios con valentía. Si pones tu confianza en Él, ¿qué puede hacerte el hombre (Salmo 56:4)?

QUINTA SEMANA

¿Te es difícil hablarles a otros de Jesucristo? ¿Es porque no tienes un verdadero deseo de hacerlo? ¿O tal vez tienes miedo de cómo puedan responder las personas, preocupado que de alguna manera malograrás las cosas? Espera hasta que veas las verdades en esta lección. ¡Podría realmente encender tu fuego!

OBSERVA

El testimonio y ministerio público de Jesús había acabado. Él había probado que era el Hijo de Dios. ¡Su hora había llegado! El grano de trigo tenía que caer sobre el suelo y morir para que produzca mucho fruto (Juan 12:24). Pero antes que esto sucediera, Jesús tenías algunas verdades finales que compartir con Sus discípulos. Veamos lo que podemos aprender que nos ayudará a compartir mejor con otros las buenas noticias de Jesús, el Cristo.

Líder: Lee Juan 14:2-3, 16-17 en voz alta. Haz que el grupo...
- *Ponga una cruz sobre cada referencia acerca de **Jesús**, empezando con **Mi** en el versículo 2.*
- *Subraye cada **ustedes**.*
- *Marque **Consolador** y los pronombres relacionados y los sinónimos con un **S** grande.*

DISCUTE

- ¿A dónde dijo Jesús que iría y qué estaría haciendo allí?

Juan 14:2-3, 16-17

² En la casa de Mi Padre hay muchas moradas; si no fuera así, se lo hubiera dicho; porque voy a preparar un lugar para ustedes.

³ Y si me voy y les preparo un lugar, vendré otra vez y los tomaré adonde Yo voy; para que

donde Yo esté, allí estén ustedes también.

¹⁶ Entonces Yo rogaré al Padre, y Él les dará otro Consolador (Intercesor) para que esté con ustedes para siempre;

¹⁷ es decir, el Espíritu de verdad, a quien el mundo no puede recibir, porque ni Lo ve ni Lo conoce, pero ustedes sí Lo conocen porque mora con ustedes y estará en ustedes.

- ¿Qué le pediría Jesús a Su padre que haga por Sus seguidores?

- ¿Qué les dijo Jesús acerca del Consolador? No te pierdas ningún detalle.

- ¿Quién no puede recibir al Consolador, el Espíritu de verdad y por qué?

- ¿Cuando venga el Consolador, el Espíritu, dónde estará?

Juan 16:7-11

⁷ Pero Yo les digo la verdad: les conviene que Yo me vaya; porque si no me voy, el Consolador (Intercesor) no vendrá a ustedes; pero si me voy, se Lo enviaré.

OBSERVA

Entonces Jesús dijo que enviaría al Consolador, quien "estaría en ustedes." ¿Y qué hará el Espíritu?

Cuando leas estos versículos, recuerda que lo que fue prometido va más allá de los primeros discípulos que estuvieron escuchando esto. Estas verdades también son para nosotros porque cada verdadero creyente recibe el mismo Consolador, el Espíritu de Dios que mora en nosotros (Romanos 8:9).

Quinta Semana | 71

Líder: Lee Juan 16:7-11 en voz alta. Haz que el grupo...
- *Ponga una cruz sobre cada referencia a **Jesús** empezando con **Yo** en el versículo 7.*
- *Subraye cada **ustedes**.*
- *Marque **Consolador** y los pronombres relacionados con una **S** grande.*

DISCUTE
- ¿Por qué les convenía a los seguidores de Jesús que Él se vaya?

- ¿Cuándo Jesús envíe al Consolador, qué cosas hará el Espíritu Santo?

- Para que no te lo pierdas, ¿dónde dijo Jesús que enviaría al Consolador? ¿Y qué te dice esto acerca del propósito de Dios para ti en el mundo?

[8] Y cuando Él venga, convencerá (culpará) al mundo de pecado, de justicia y de juicio;

[9] de pecado, porque no creen en Mí;

[10] de justicia, porque Yo voy al Padre y ustedes no Me verán más;

[11] y de juicio, porque el príncipe de este mundo ha sido juzgado.

ACLARACIÓN

Recuerda, Jesús no vino para condenar al mundo (ellos ya están condenados por su pecado) sino a buscar y salvar a los perdidos. A pesar que Jesús se iba, el Padre no quería que el mundo estuviera sin un testigo. Por lo tanto, el Espíritu de Dios moraría en los once – y en todas las personas que creen en Jesucristo. El Espíritu en nosotros entonces será testigo al mundo para que Sus ovejas puedan escuchar Su voz y sean salvas y así aquellos que no creen no tendrán excusa porque escucharon la verdad y se rehusaron a creer.

Por consiguiente, el Espíritu de Dios vive en nosotros, permitiéndonos vivir rectamente. Él también será testigo mediante nosotros para contarles a los demás acerca del evangelio para que crean en Jesús, vivan rectamente y sean liberados del poder del Satanás.

La muerte de Jesús hirió la cabeza de Satanás (Génesis 3:15) y le quitó a Satanás el poder de la muerte, porque Jesús pagó por nuestros pecados por completo, una vez y para siempre (Hebreos 2:14-15; 10:10, 14-18). Esta es la buena noticia que el Espíritu da como testimonio al mundo por medio de nosotros.

Quinta Semana | 73

OBSERVA

Cuando Jesucristo se levantó de la muerte pasó cuarenta días enseñando a los once discípulos (Judas había traicionado a Jesús, luego se colgó) acerca de las cosas del reino de Dios. Luego se fue para estar con el Padre y para preparar un lugar para nosotros antes que Él vuelva a llevarnos a estar con Él.

¿Cuáles fueron Sus órdenes finales para los once – y para todos nosotros que debemos llevar Su ministerio? Veamos lo que nos dice Lucas bajo la inspiración del Espíritu.

Líder: *Lee Lucas 24:44-49. Haz que el grupo...*
- *Ponga una cruz sobre cada referencia a **Jesús** empezando con el pronombre **Él**.*
- *Subraye cualquier referencia a los **once discípulos**, observando con cuidado **les** y **ustedes**.*
- *Pongan una **S** grande sobre **promesa** ya que es una referencia al **Espíritu**, el Consolador.*

DISCUTE

- ¿Cuáles son las instrucciones de Jesús en estos versículos?

Lucas 24:44-49

[44] Después Jesús les dijo: "Esto es lo que Yo les decía cuando todavía estaba con ustedes: que era necesario que se cumpliera todo lo que sobre Mí está escrito en la Ley de Moisés, en los Profetas y en los Salmos."

[45] Entonces les abrió la mente para que comprendieran las Escrituras,

[46] y les dijo: "Así está escrito, que el Cristo (el Mesías) padecerá y resucitará de entre los muertos al tercer día;

[47] y que en Su nombre se predicará el arrepentimiento para el perdón de los pecados

a todas las naciones, comenzando desde Jerusalén.

⁴⁸ Ustedes son testigos de estas cosas.

⁴⁹ Por tanto, Yo enviaré sobre ustedes la promesa de Mi Padre; pero ustedes, permanezcan en la ciudad hasta que sean investidos con poder de lo alto."

- ¿Qué es lo que se debe proclamar y dónde?

- ¿Por quiénes debe ser proclamado? ¿Qué les ayudará a hacerlo?

- Solo para que no lo pierdas, ¿qué le pide Jesús a sus seguidores que hagan en el versículo 49 y qué les promete?

Hechos 1:4-9

⁴ Y reuniéndolos, les mandó que no salieran de Jerusalén, sino que esperaran la promesa del Padre: "La cual," les dijo, "oyeron de Mí;

⁵ porque Juan bautizó con agua, pero ustedes

OBSERVA

Líder: Lee Hechos 1:4-9 en voz alta. Haz que el grupo…

- Subraye cada referencia a los **once discípulos**, empezando con **reuniéndolos** en el versículo 4.

- Marque todas las referencias al **Espíritu Santo** incluyendo la frase **la promesa del Padre**, con una **S** grande.

Quinta Semana | 75

DISCUTE
- ¿Qué aprendes al inicio del versículo 4 al marcar las referencias al Espíritu?

- ¿Cuándo recibirían poder y cuál sería el resultado?

- ¿Cuán lejos los llevaría?

serán bautizados con el Espíritu Santo dentro de pocos días."

⁶ Entonces los que estaban reunidos, Le preguntaban: "Señor, ¿restaurarás en este tiempo el reino a Israel?"

⁷ Jesús les contestó: "No les corresponde a ustedes saber los tiempos ni las épocas que el Padre ha fijado con Su propia autoridad;

⁸ pero recibirán poder cuando el Espíritu Santo venga sobre ustedes; y serán Mis testigos en Jerusalén, en toda Judea y Samaria, y hasta los confines de la tierra."

⁹ Después de haber dicho estas cosas, fue elevado mientras ellos miraban,

y una nube Lo recibió y Lo ocultó de sus ojos.

- Piensa en lo que has aprendido hasta ahora en el estudio de esta semana. Ya que los once discípulos vieron a Jesús irse, ¿qué podrían esperar?

Hechos 3:1-10

¹ Cierto día Pedro y Juan subían al templo a la hora novena (3 p.m.), la hora de la oración.

² Y había un hombre, cojo desde su nacimiento, al que llevaban y ponían diariamente a la puerta del templo llamada la Hermosa, para que pidiera limosna a los que entraban al templo.

OBSERVA

Hechos 2 registra cómo el Consolador, el Santo Espíritu, vino - ¡justo como Jesús lo prometió! Vayamos a Hechos 3 para aprender qué pasó después de que el Espíritu vino y ver qué lecciones encontramos para nuestras vidas.

Líder: Lee Hechos 3:1-10 en voz alta y despacio, para que se pueda disfrutar la historia. Haz que el grupo...
- *Subraye todas las referencias de **Pedro** y **Juan**, dos de los discípulos de Jesús.*
- *Ponga un visto bueno ✓ sobre la referencia **al hombre** que fue mencionado por primera vez en el versículo 2.*

DISCUTE

- Describe la interacción entre el hombre y los discípulos, Pedro y Juan.

- ¿Cuál era la situación del hombre y qué quería de Pedro y Juan?

³ Éste, viendo a Pedro y a Juan que iban a entrar al templo, les pedía limosna.

⁴ Entonces Pedro, junto con Juan, fijando su vista en él, le dijo: "¡Míranos!"

⁵ Él los miró atentamente, esperando recibir algo de ellos.

⁶ Pero Pedro le dijo: "No tengo plata ni oro, pero lo que tengo te doy: en el nombre de Jesucristo el Nazareno, ¡anda!"

⁷ Y tomándolo de la mano derecha, lo levantó; al instante sus pies y tobillos cobraron fuerza,

⁸ y de un salto se puso en pie y andaba. Entró

al templo con ellos caminando, saltando y alabando a Dios.

- ¿Cómo respondió Pedro?

⁹ Todo el pueblo lo vio andar y alabar a Dios,

¹⁰ y reconocieron que era el mismo que se sentaba a la puerta del templo, la Hermosa, a pedir limosna, y se llenaron de asombro y admiración por lo que le había sucedido.

- ¿Qué pasó después? No te pierdas ni un solo detalle.

OBSERVA

Líder: Lee Hechos 3:11-20 en voz alta. Haz que el grupo…

- *Subraye las referencias a **Pedro**.*
- *Encierre en un círculo las referencias al **pueblo** y a **los hombres de Israel**, incluyendo pronombres y sinónimos como **hermanos**.*
- *Ponga una cruz sobre cada referencia a **Jesús**, incluyendo sinónimos y pronombres.*

DISCUTE

- Describe lo que Pedro estaba haciendo en estos versículos.

- ¿A quién se estaba dirigiendo Pedro? ¿Qué aprendes acerca de este grupo por medio del texto?

Hechos 3:11-20

[11] Estando el que era cojo aferrado a Pedro y a Juan, todo el pueblo, lleno de asombro, corrió al pórtico llamado de Salomón, donde ellos estaban.

[12] Al ver esto, Pedro dijo al pueblo: "Hombres de Israel, ¿por qué se maravillan de esto, o por qué nos miran así, como si por nuestro propio poder o piedad le hubiéramos hecho andar?

[13] El Dios de Abraham, de Isaac y de Jacob, el Dios de nuestros padres, ha glorificado a Su Siervo Jesús, al que ustedes entregaron y repudiaron en presencia de Pilato, cuando éste

había resuelto poner a Jesús en libertad.

^{14} Pero ustedes repudiaron al Santo y Justo, y pidieron que se les concediera un asesino,

^{15} y dieron muerte al Autor de la vida, al que Dios resucitó de entre los muertos, de lo cual nosotros somos testigos.

^{16} "Por la fe en Su nombre, es el nombre de Jesús lo que ha fortalecido a este hombre a quien ven y conocen. La fe que viene por medio de Jesús, le ha dado a éste esta perfecta sanidad en presencia de todos ustedes.

^{17} Y ahora, hermanos, yo sé que obraron por

- ¿Qué les contó acerca de Jesús?

- ¿Crees que sus palabras los haya podido dejar sintiéndose culpables? Explica tu respuesta.

- Observa los versículos 19 y 20. ¿Qué le rogó al pueblo que hagan y por qué?

Quinta Semana

- ¿Crees que Pedro estaba lleno de fuego? Si es así, ¿cuál fue la razón de esa pasión?

- Si puedes, describe un tiempo en el cual te encontrabas en una situación específica la cual usaste para compartir las buenas noticias acerca de Jesucristo. ¿Cómo te sentiste después?

ignorancia, lo mismo que sus gobernantes.

[18] Pero Dios ha cumplido así lo que anunció de antemano por boca de todos los profetas: que Su Cristo (el Mesías, el Ungido) debía padecer.

[19] "Por tanto, arrepiéntanse y conviértanse, para que sus pecados sean borrados, a fin de que tiempos de alivio vengan de la presencia del Señor,

[20] y Él envíe a Jesús, el Cristo designado de antemano para ustedes.

Hechos 4:1-4

¹ Mientras Pedro y Juan hablaban al pueblo, se les echaron encima los sacerdotes, el capitán de la guardia del templo, y los Saduceos,

² indignados porque enseñaban al pueblo, y anunciaban En Jesús la resurrección de entre los muertos.

³ Les echaron mano, y los pusieron en la cárcel hasta el día siguiente, pues ya era tarde.

⁴ Pero muchos de los que habían oído el mensaje (la palabra) creyeron, llegando el número de los hombres como a 5,000.

OBSERVA

El mensaje de Pedro no pasó desapercibido por los líderes religiosos. Veamos cómo respondieron.

Líder: Lee Hechos 4:1-4 en voz alta. Haz que el grupo haga lo siguiente:

- *Subraye las referencias a **Pedro** y a **Juan**.*
- *Ponga un semicírculo sobre los diferentes grupos que se presentan ante **Pedro y Juan**, como éste:* ⌒
- *Haga un círculo en las referencias a **las personas que escucharon el mensaje.***
- *Ponga una cruz sobre cualquier referencia acerca de **Jesús**.*

DISCUTE

- ¿Qué les pasó a Pedro y a Juan y por qué?

- ¿Qué les pasó a algunas de las personas que escucharon el mensaje de Pedro?

- ¿Por qué a los sacerdotes, al capitán del templo y a los saduceos no les gustó el mensaje de Pedro?

Quinta Semana | 83

OBSERVA

La historia no termina. Veamos qué pasó la mañana siguiente.

Líder: *Lee Hechos 4:5-13 en voz alta y haz que el grupo haga lo siguiente:*

- *Ponga un semicírculo sobre los diferentes **grupos de personas** mencionadas en el texto.*
- *Subraye las referencias a **Pedro** y **Juan**.*
- *Marque todas las referencias al **Espíritu Santo** con una **S** grande.*
- *Ponga una cruz sobre cada referencia a **Jesús**. (¡Asegúrate de marcar **ningún otro** en el versículo 12 para no te pierdas a Jesús!)*

DISCUTE

- ¿Qué dijo Pedro acerca de Jesús?

Hechos 4:5-13

⁵ Sucedió que al día siguiente se reunieron en Jerusalén sus gobernantes, ancianos y escribas.

⁶ Estaban allí el sumo sacerdote Anás, Caifás, Juan y Alejandro, y todos los que eran del linaje de los sumos sacerdotes.

⁷ Poniendo a Pedro y a Juan en medio de ellos, les interrogaban: "¿Con qué poder, o en qué nombre, han hecho esto?"

⁸ Entonces Pedro, lleno del Espíritu Santo, les dijo: "Gobernantes y ancianos del pueblo,

⁹ si se nos está interrogando hoy por causa del beneficio hecho a un hombre

enfermo, de qué manera éste ha sido sanado,

¹⁰ sepan todos ustedes, y todo el pueblo de Israel, que en el nombre de Jesucristo el Nazareno, a quien ustedes crucificaron y a quien Dios resucitó de entre los muertos, por Él, este hombre se halla aquí sano delante de ustedes.

¹¹ "Este Jesús es la PIEDRA DESECHADA por ustedes LOS CONSTRUCTORES, pero QUE HA VENIDO A SER LA PIEDRA ANGULAR

¹² En ningún otro hay salvación, porque no hay otro nombre bajo el cielo dado a los hombres, en el cual podamos ser salvos."

- ¿Qué te dice el versículo 12 acerca de otras religiones, filosofías y creencias acerca de la vida después de la muerte?

- Así que si sabes esto, ¿cuál es tu responsabilidad?

- ¿Qué aprendes de Pedro en el versículo 8?

- ¿Cómo se les describe a Pedro y a Juan en el versículo 13?

Quinta Semana | 85

- ¿De qué manera el saber esto te ayudará cuando seas guiado por Dios para compartir el evangelio?

OBSERVA

¿Qué pasa si otros te prohíben compartir lo que Dios dice en Su Palabra? ¿Qué pasa si quieren callarte, hasta ponerte en la cárcel? Veamos lo que Pedro y Juan pueden enseñarnos acerca de cómo responder.

Líder: Lee Hechos 4:15-20 en voz alta. Haz que el grupo…
- *Ponga un semicírculo sobre los pronombres que se refieren a **los miembros del Concilio**.*
- *subraye cada referencia a **Pedro** y **Juan**.*

DISCUTE
- El Concilio era un grupo de hombres que gobernaban a los judíos bajo la autoridad de Roma. ¿Cuáles eran sus instrucciones en el versículo 18?

¹³ Al ver la confianza de Pedro y de Juan, y dándose cuenta de que eran hombres sin letras y sin preparación, se maravillaban, y reconocían que ellos habían estado con Jesús.

Hechos 4:15-20

¹⁵ Pero después de ordenarles que salieran fuera del Concilio (Sanedrín), deliberaban entre sí:

¹⁶ "¿Qué haremos con estos hombres?" decían. "Porque el hecho de que un milagro (una señal) notable ha sido realizado por medio de ellos es evidente a todos los que viven en Jerusalén, y no podemos negarlo.

¹⁷ Pero a fin de que no se divulgue más entre el pueblo, vamos a amenazarlos para que

no hablen más a ningún hombre en este nombre."

[18] Cuando los llamaron, les ordenaron no hablar ni enseñar en el nombre de Jesús.

[19] Pero Pedro y Juan, les contestaron: "Ustedes mismos juzguen si es justo delante de Dios obedecer a ustedes en vez de obedecer a Dios.

[20] Porque nosotros no podemos dejar de decir lo que hemos visto y oído."

2 Timoteo 4:1-5

[1] En la presencia de Dios y de Cristo Jesús, que ha de juzgar a los vivos y a los muertos, por Su manifestación y por Su reino te encargo solemnemente:

- ¿Cómo respondieron Pedro y Juan?

- ¿Cómo luce la pasión espiritual?

- Describe cómo observaste la pasión espiritual en la vida de alguien y cómo afectó a otros a su alrededor.

Líder: Si no tienes tiempo para esta siguiente parte de la Escritura, ruégale a la clase que la estudie en casa y que la haga su oración esta semana.

OBSERVA

Tenemos un encargo final de la Palabra de Dios en cuanto a la importancia de compartir el Evangelio.

Quinta Semana

Líder: *Lee 2 Timoteo 4:1-5 en voz alta con el grupo. Haz que el grupo…*
- *Ponga un visto bueno sobre cada **instrucción** dada por Pablo en este pasaje.*

DISCUTE
- ¿Cuál es el encargo fundamental de Pablo en este pasaje? Observando específicamente el versículo 2, ¿qué tienen que hacer los creyentes?

- ¿Qué clase de respuesta debemos anticipar?

- ¿Qué sugiere el versículo 5 acerca de nuestra responsabilidad cuando otros resisten la sana doctrina?

Líder: *Si el tiempo te lo permite, ora por este encargo y por todo lo que has aprendido esta semana.*

² Predica la palabra. Insiste a tiempo y fuera de tiempo. Amonesta, reprende, exhorta con mucha (toda) paciencia e instrucción.

³ Porque vendrá tiempo cuando no soportarán la sana doctrina, sino que teniendo comezón de oídos, conforme a sus propios deseos, acumularán para sí maestros,

⁴ y apartarán sus oídos de la verdad, y se volverán a los mitos (a las fábulas).

⁵ Pero tú, sé sobrio en todas las cosas, sufre penalidades, haz el trabajo de un evangelista, cumple tu ministerio.

FINALIZANDO

Compartir las buenas noticias de Jesucristo con otros es el resultado final de deshacerse de los ídolos, estar en la Palabra de Dios, pasar el tiempo orando y adorándole en espíritu y verdad. Cuando estamos completamente comprometidos con Dios y con todo lo que está haciendo, como Pedro y Juan "no podemos dejar de decir lo que hemos visto y escuchado" (Hechos 4:20).

Compartir la Palabra – enseñando a otros acerca de Jesús mediante el poder del Espíritu Santo que habita en nosotros – alimentará más tu pasión. Y mientras permanezcas como testigo fiel de Jesús, aun enfrentando persecución, puedes saber que no serás avergonzado cuando lo veas cara a cara.

SEXTA SEMANA

La maratón es un examen de 42.2 km, de mente, cuerpo y fuerza. Algunos pueden preguntarse por qué alguien se pondría a sí mismo a través de eso. Pero los atletas experimentados saben que para correr ese kilómetro final y cruzar la línea de meta, para ganar una medalla de oro brillante y el título de corredor de maratón vale la pena todo el dolor y el sufrimiento. En otras palabras, la recompensa hace que valga la pena el dolor.

Como una maratón, la vida cristiana tiene altas y bajas, tiempos cuando te sientes fantástico y tiempos cuando realmente sufres. Cuando enfrentamos el sufrimiento y persecución podemos convertirnos en tortugas que se meten en su caparazón por protección o podemos ver nuestro sufrimiento como una oportunidad de glorificar a Dios.

En esta semana final veremos a unos pocos hombres de Dios para ver cómo el sufrimiento por el evangelio enciende nuestra pasión por Dios.

OBSERVA

Primero tenemos que entender el por qué del sufrimiento por el evangelio. Jesús explicó que envió a los doce discípulos y les advirtió de lo que estaban a punto de enfrentar.

Líder: Lee Mateo 10:16-23 en voz alta y haz que el grupo…
- *Dibuje una cruz sobre las referencias a **Jesús** que está hablando en este pasaje. Asegúrate de incluir sinónimos y pronombres.*
- *Subraye cada **ustedes** y **su**, que se refieren a **los discípulos**.*

Mateo 10:16-23

[16] "Miren, Yo los envío como ovejas en medio de lobos; por tanto, sean astutos como las serpientes e inocentes como las palomas.

[17] Pero cuídense de los hombres, porque los entregarán a los tribunales y los azotarán en sus sinagogas;

¹⁸ y hasta serán llevados delante de gobernadores y reyes por Mi causa, como un testimonio a ellos y a los Gentiles.

Líder: *haz que el grupo lea todo el texto otra vez, versículo por versículo. Mientras los haces, enumera cada acción que será tomada en contra de los creyentes. Hemos marcado la primera para ti.*

¹⁹ Pero cuando los entreguen, no se preocupen de cómo o qué hablarán; porque a esa hora se les dará lo que habrán de hablar.

DISCUTE

- ¿Qué aprendiste al enumerar las acciones que los creyentes deben esperar soportar?

²⁰ Porque no son ustedes los que hablan, sino el Espíritu de su Padre que habla en ustedes.

- ¿Por qué los creyentes enfrentarán sufrimiento y persecución, de acuerdo a Jesús?

²¹ "El hermano entregará a la muerte al hermano, y el padre al hijo; y los hijos se levantarán contra los padres, y les causarán la muerte.

- ¿Qué promesa le dio Jesús al que persevere hasta el final?

²² Y serán odiados de todos por causa de Mi nombre, pero el que

- ¿Ves a creyentes sufriendo de esta manera el día de hoy? ¿Estás enfrentando persecución por tu fe? Explica tu respuesta.

Sexta Semana

- ¿Cómo respondes cuando enfrentas desafíos en tu fe?

OBSERVA

En los días de la iglesia primitiva, muchos creyentes judíos dejaron Judea debido a la persecución del Imperio Romano por su testimonio en Jesús. Teniendo en cuenta esta persecución, Santiago se dirigió a la forma en que los creyentes tenían que responder ante el sufrimiento.

Líder: Lee Santiago 1:1-8, 12 en voz alta y haz que el grupo marque…
- *Cada referencia a **pruebas**, incluyendo sinónimos, con una línea quebrada, así como esta:* /\/\/\
- ***Fe** con un libro abierto así como este:*

Santiago 1:1-8, 12

persevere hasta el fin, ése será salvo.

²³ Pero cuando los persigan en esta ciudad, huyan a la otra; porque en verdad les digo, que no terminarán de recorrer las ciudades de Israel antes que venga el Hijo del Hombre.

¹ Santiago (Jacobo), siervo de Dios y del Señor Jesucristo: A las doce tribus que están en la dispersión: Saludos.

² Tengan por sumo gozo, hermanos míos, cuando se hallen en diversas pruebas (tentaciones),

³ sabiendo que la prueba de su fe produce paciencia,

⁴ y que la paciencia tenga su perfecto resultado, para que sean perfectos y completos, sin que nada les falte.

⁵ Y si a alguno de ustedes le falta sabiduría, que se la pida a Dios, quien da a todos abundantemente y sin reproche, y le será dada.

⁶ Pero que pida con fe, sin dudar. Porque el que duda es semejante a la ola del mar, impulsada por el viento y echada de una parte a otra.

⁷ No piense, pues, ese hombre, que recibirá cosa alguna del Señor,

⁸ siendo hombre de doble ánimo (que duda), inestable en todos sus caminos.

DISCUTE

- ¿Cómo pide Santiago a los creyentes que respondan a las pruebas y al sufrimiento?

- En el versículo 3 Santiago dijo que la prueba de nuestra fe produce paciencia. ¿De qué manera fortalece nuestra fe cuando respondemos con gozo?

ACLARACIÓN

"Tengan por sumo gozo" (versículo 2) también puede ser traducido como "cuente con sumo gozo." La respuesta natural al sufrimiento y a la persecución es quejarse, pero los creyentes debemos hacer un esfuerzo consciente para enfrentar las pruebas y el sufrimiento con gozo. Cuando respondemos de esta manera, sabiendo que las pruebas producen paciencia en nosotros, el resultado es la perfección; no una perfección sin pecado sino una madurez espiritual que produce una comunión más profunda y una confianza más grande en Jesucristo.

- ¿Qué dijo Santiago acerca del hombre que persevera bajo la prueba? ¿De qué manera el conocer esta verdad cambia tu manera de pensar hacia el sufrimiento por el evangelio?

[12] Bienaventurado el hombre que persevera bajo la prueba, porque una vez que ha sido aprobado (ha pasado la prueba), recibirá la corona de la vida que el Señor ha prometido a los que Lo aman.

OBSERVA

Como vimos la semana pasada, el libro de los Hechos describe la iglesia primitiva, cuando el evangelio estaba siendo predicado y miles se añadieron a la iglesia. El sumo sacerdote y su Concilio trataron de silenciar a los apóstoles y evitar que escucharan la enseñanza de Jesús. Recogemos la historia en Hechos 5:27 de como Pedro y los apóstoles fueron llevados ante el sumo sacerdote y el Concilio para hacer frente a las preguntas sobre por qué siguieron predicando.

Hechos 5:27-35, 38-42

[27] Cuando los trajeron, los pusieron ante el Concilio (Sanedrín), y el sumo sacerdote los interrogó:

[28] "Les dimos órdenes estrictas de no continuar enseñando en este Nombre, y han llenado a Jerusalén con sus enseñanzas, y quieren

traer sobre nosotros la sangre de este Hombre."

²⁹ Pero Pedro y los apóstoles respondieron: "Debemos obedecer a Dios en vez de obedecer a los hombres.

³⁰ El Dios de nuestros padres (antepasados) resucitó a Jesús, a quien ustedes mataron y colgaron en una cruz.

³¹ A Él Dios Lo exaltó a Su diestra como Príncipe y Salvador, para dar arrepentimiento a Israel, y perdón de pecados.

³² Y nosotros somos testigos (de Él) de estas cosas; y también el Espíritu Santo, el cual Dios ha dado a los que Le obedecen."

Líder: Lee en voz alta Hechos 5:27-35, 38-42 y haz que el grupo...

- subraye las referencias a **Pedro** y **los apóstoles**
- Ponga una **T** grande sobre cada referencia a **testigos, enseñanza, hablar** y **predicar**.
- Marque **azotados** y **sufrir** con una línea quebrada: /W/V

DISCUTE

- ¿Cómo respondieron los apóstoles al interrogatorio del Concilio?

- ¿Qué estaba haciendo Pedro en los versículos 29-32?

- ¿Cómo respondió el Concilio?

Sexta Semana

- ¿Qué le pasó a Pedro y a los apóstoles como resultado de su testimonio? ¿Por qué?

³³ Cuando ellos oyeron esto, se sintieron profundamente ofendidos y querían matarlos.

- ¿Cómo se relaciona esto con las palabras de Jesús en Mateo 10 que leíste al inicio de esta lección?

³⁴ Pero cierto Fariseo llamado Gamaliel, maestro de la Ley, respetado por todo el pueblo, se levantó en el Concilio y ordenó que sacaran fuera a los apóstoles por un momento.

- Después de ser golpeados (azotados), ¿cómo respondieron los apóstoles?

³⁵ Entonces les dijo: "Hombres de Israel, tengan cuidado de lo que van a hacer con estos hombres.

- ¿El sufrimiento apagó el fuego de su pasión? ¿Cómo lo sabes?

³⁸ "Por tanto, en este caso les digo que no tengan nada que ver con estos hombres y déjenlos en paz, porque si este plan o acción es de los hombres, perecerá;

³⁹ pero si es de Dios, no podrán destruirlos; no sea que se hallen luchando contra Dios."

- ¿De qué manera este ejemplo aclara el pasaje que estudiamos en Santiago?

⁴⁰ Ellos aceptaron su consejo, y después de llamar a los apóstoles, los azotaron y les ordenaron que no hablaran más en el nombre de Jesús y los soltaron.

⁴¹ Los apóstoles, pues, salieron de la presencia del Concilio, regocijándose de que hubieran sido considerados dignos de sufrir afrenta por Su Nombre.

- Ponte en las sandalias de los apóstoles: ¿cómo hubieras respondido en esta situación?

⁴² Y todos los días, en el templo y de casa en casa, no cesaban de enseñar y proclamar el evangelio de Jesús como el Cristo.

OBSERVA

El apóstol Pablo sabía mucho acerca del sufrimiento por el evangelio.

Líder: Lee 2 Corintios 1:5-10 en voz alta y haz que el grupo...

- Marque **sufrimientos**, **atribulados** con una línea quebrada: /W/
- Ponga una **C** grande sobre cada referencia a **consolados** o **consuelo**.
- Marque cada referencia a **Dios**, incluyendo pronombres, con un triángulo.

DISCUTE

- ¿Qué aprendiste al marcar las palabras *sufrimientos* y *atribulados*?

- ¿Qué aprendiste al marca *consuelo* o *consolados*?

- Observa un poco más de cerca el versículo 5. Cuando participamos de los sufrimientos de Cristo, ¿qué recibimos en abundancia por Su nombre?

- ¿Qué aprendiste al marcar las referencias a Dios?

2 Corintios 1:5-10

[5] Porque así como los sufrimientos de Cristo son nuestros en abundancia, así también abunda nuestro consuelo por medio de Cristo.

[6] Pero si somos atribulados, es para el consuelo y salvación de ustedes; o si somos consolados, es para consuelo de ustedes, que obra al soportar las mismas aflicciones que nosotros también sufrimos.

[7] Y nuestra esperanza respecto de ustedes está firmemente establecida, sabiendo que como son copartícipes de los sufrimientos, así también lo son de la consolación.

[8] Porque no queremos que ignoren, hermanos, acerca de nuestra

aflicción sufrida en Asia. Porque fuimos abrumados sobremanera, más allá de nuestras fuerzas, de modo que hasta perdimos la esperanza de salir con vida.

⁹ De hecho, dentro de nosotros mismos ya teníamos la sentencia de muerte, a fin de que no confiáramos en nosotros mismos, sino en Dios que resucita a los muertos,

¹⁰ el cual nos libró de tan gran peligro de muerte y nos librará, y en quien hemos puesto nuestra esperanza de que Él aún nos ha de librar.

2 Corintios 11:24-28

²⁴ Cinco veces he recibido de los judíos treinta y nueve azotes.

ACLARACIÓN

La palabra *consuelo*, usada diez veces en 2 Corintios 1:1-7, literalmente significa "llamar a nuestro lado". En los versículos 3 y 4 leemos que el "Dios de toda consolación... nos consuela en todas nuestras tribulaciones". ¡Qué gozo es para nosotros saber que Dios está a nuestro lado cuando enfrentamos sufrimiento y tribulación por Su nombre!

- ¿Cómo el saber que Dios está a nuestro lado en medio del sufrimiento y la persecución enciende nuestra pasión por Él?

- Cuando Pablo escribió de ser librado, ¿se estaba refiriendo a una liberación temporal de su prueba actual o estaba apuntando a una esperanza eterna o futura liberación? Explica tu respuesta.

- ¿De qué manera estuvo Pablo dispuesto a sufrir por el evangelio? (Pista: Mira el versículo 9).

Sexta Semana | 99

OBSERVA

Demos un breve vistazo a los sufrimientos personales de Pablo que se mencionan en 2 Corintios 11.

Líder: *Lee 2 Corintios 11:24-28 en voz alta.*

- *Haz que el grupo subraye cada tribulación y sufrimiento que Pablo experimentó.*

DISCUTE

- ¿Qué diferentes tipos de sufrimientos y tribulaciones experimentó Pablo por el evangelio?

- ¿Qué otro tipo de presiones enfrentó Pablo, aparte de persecuciones y tribulaciones?

- ¿Era Pablo un hombre extraordinario que podía manejar todas estas luchas? Explica tu respuesta.

- ¿Cómo responderías si estuvieras en las sandalias de Pablo?

[25] Tres veces he sido golpeado con varas, una vez fui apedreado, tres veces naufragué, y he pasado una noche y un día en lo profundo.

[26] Con frecuencia en viajes, en peligros de ríos, peligros de salteadores, peligros de mis compatriotas, peligros de los Gentiles, peligros en la ciudad, peligros en el desierto, peligros en el mar, peligros entre falsos hermanos;

[27] en trabajos y fatigas, en muchas noches de desvelo, en hambre y sed, con frecuencia sin comida, en frío y desnudez.

[28] Además de tales cosas externas, está sobre mí la presión cotidiana de la preocupación por todas las iglesias.

2 Corintios 4:7-18

⁷ Pero tenemos este tesoro en vasos de barro, para que la extraordinaria grandeza del poder sea de Dios y no de nosotros.

⁸ Afligidos en todo, pero no agobiados; perplejos, pero no desesperados;

⁹ perseguidos, pero no abandonados; derribados, pero no destruidos.

¹⁰ Llevamos siempre en el cuerpo por todas partes la muerte de Jesús, para que también la vida de Jesús se manifieste en nuestro cuerpo.

¹¹ Porque nosotros que vivimos, constantemente

OBSERVA

Segunda de Corintios 4:7-18 nos da una apreciación más grande de cómo Pablo podía regocijarse en el sufrimiento por el evangelio.

Líder: Lee 2 Corintios 4:7-18 y haz que el grupo...

- *Subraye cada referencia a **los creyentes que sufren**, incluyendo pronombres tales como **nosotros** y **en nosotros**.*
- *Marque con una línea quebrada todas las maneras de **sufrimiento**.*

DISCUTE

- ¿Cuáles fueron las diferentes formas en que estos creyentes sufrieron?

- Observa el versículo 7. ¿Cuál es el "tesoro" al que Pablo se refiere y cómo podría esto motivar a los creyentes a seguir adelante en medio de la persecución?

• ¿Qué explicación dio Pablo del porqué pudo responder al sufrimiento de esta manera?	estamos siendo entregados a muerte por causa de Jesús, para que también la vida de Jesús se manifieste en nuestro cuerpo mortal.
	¹² Así que en nosotros obra la muerte, pero en ustedes, la vida.
• Al ver los versículos 12 y 15, ¿qué motivación ves para compartir el evangelio a pesar de la persecución?	¹³ Pero teniendo el mismo espíritu de fe, según lo que está escrito: "CREÍ, POR TANTO HABLE," nosotros también creemos, por lo cual también hablamos,
• En medio del sufrimiento, ¿en qué mantuvo Pablo enfocada su mente?	¹⁴ sabiendo que Aquél que resucitó al Señor Jesús, a nosotros también nos resucitará con Jesús, y nos presentará junto con ustedes.
	¹⁵ Porque todo esto es por amor a ustedes, para

que la gracia que se está extendiendo por medio de muchos, haga que las acciones de gracias abunden para la gloria de Dios.

- De acuerdo al versículo 17, ¿para qué nos está preparando "la aflicción leve y pasajera"?

[16] Por tanto no desfallecemos, antes bien, aunque nuestro hombre exterior va decayendo, sin embargo nuestro hombre interior se renueva de día en día.

[17] Pues esta aflicción leve y pasajera nos produce un eterno peso de gloria que sobrepasa toda comparación,

- Santiago 1:12 dice: "Bienaventurado el hombre que persevera bajo la prueba, porque una vez que ha sido aprobado (ha pasado la prueba), recibirá la corona de la vida que el Señor ha prometido a los que Lo aman." ¿Cómo te ayuda este versículo a explicar la perspectiva de Pablo en 2 Corintios 4:17-18?

[18] al no poner nuestra vista en las cosas que se ven, sino en las que no se ven. Porque las cosas que se ven son temporales, pero las que no se ven son eternas.

FINALIZANDO

Pablo describió su sufrimiento en 2 Corintios 1:8 como una carga excesiva que era superior a sus fuerzas, pero en 2 Corintios 4:17 describió esos mismos sufrimientos como "una aflicción leve y pasajera" que lo estaba preparando para "un peso eterno de gloria que sobrepasa toda comparación."

Mantener esta perspectiva eterna obligó a Pablo a continuar saliendo y predicar el evangelio a todos los que quisieran escuchar, sabiendo que cuanto más predicaba, más sufriría. Él escribió en 2 Corintios 4:10-11 "llevando en el cuerpo la muerte de Jesús", "ser entregado a la muerte por causa de Jesús" – todo por los demás, para que la gracia de Dios sea extendida a más y más personas, dando fundamentalmente aún mayor gloria a Dios.

¿Qué hay de ti? ¿Cuándo experimentas sufrimiento y persecución por el evangelio, tienes una perspectiva eterna? ¿Te entusiasmas sabiendo que esta aflicción leve y pasajera es nada comparada a la promesa de pasar la eternidad en la presencia de Dios?

A través de este estudio hemos aprendido que Dios quiere todo tu corazón, quiere que ames Su Palabra, quiere responder tus oraciones, quiere que le des la gloria debida a Su Nombre. Cuando hacemos estas cosas, nuestros corazones se conmueven y no podemos dejar de decirles a otros acerca de las obras maravillosas del Único que nos sacó de la muerte a vida.

Es por esto que no desfallecemos, esto es lo que alimenta nuestra pasión: sabemos de la gracia que hemos recibido de Dios y sabemos que otros necesitan desesperadamente escuchar las buenas nuevas del evangelio.

Jesús claramente dijo que cuanto más Le amamos, más nos odiarán, pero recuerda la perspectiva eterna y para lo que nos está preparando nuestro sufrimiento: la eternidad con Jesucristo.

Y a Aquél que es poderoso para guardarlos a ustedes sin caída y para presentarlos sin mancha en presencia de Su gloria con gran alegría, al único Dios nuestro Salvador, por medio de Jesucristo nuestro Señor, sea gloria, majestad, dominio y autoridad, antes de todo tiempo y ahora y por todos los siglos. Amén (Judas 24-25).

ESTUDIOS BÍBLICOS INDUCTIVOS DE 40 MINUTOS

Esta singular serie de estudios bíblicos del equipo de enseñanza de Ministerios Precepto Internacional, aborda temas con los que luchan las mentes investigadoras y lo hace en breves lecciones muy fáciles de entender e ideales para reuniones de grupos pequeños. Estos cursos de estudio bíblico, de la serie 40 minutos, pueden realizarse siguiendo cualquier orden. Sin embargo, a continuación te mostramos una posible secuencia a seguir:

¿Cómo Sabes que Dios es Tu Padre?

Muchos dicen: "Soy cristiano"; pero, ¿cómo pueden saber si Dios realmente es su Padre—y si el cielo será su futuro hogar? La epístola de 1 Juan fue escrita con este propósito—que tú puedas saber si realmente tienes la vida eterna. Éste es un esclarecedor estudio que te sacará de la oscuridad y abrirá tu entendimiento hacia esta importante verdad bíblica.

Ser un Discípulo: Considerando Su Verdadero Costo

Jesús llamó a Sus seguidores a ser discípulos. Pero el discipulado viene con un costo y un compromiso incluido. Este estudio da una mirada inductiva a cómo la Biblia describe al discípulo, establece las características de un seguidor de Cristo e invita a los estudiantes a aceptar Su desafío, para luego disfrutar de las eternas bendiciones del discipulado.

¿Vives lo que Dices?

Este estudio inductivo de Efesios 4 y 5, está diseñado para ayudar a los estudiantes a que vean por sí mismos, lo que Dios dice respecto al estilo de vida de un verdadero creyente en Cristo. Este estudio los capacitará para vivir de una manera digna de su llamamiento; con la meta final de desarrollar un andar diario con Dios, caracterizado por la madurez, la semejanza a Cristo y la paz.

Viviendo Una Vida de Verdadera Adoración

La adoración es uno de los temas del cristianismo peor entendidos; este estudio explora lo que la Biblia dice acerca de la adoración: ¿qué es? ¿Cuándo sucede? ¿Dónde ocurre? ¿Se basa en las emociones? ¿Se limita solamente a los domingos en la iglesia? ¿Impacta la forma en que sirves al Señor? Para éstas y más preguntas, este estudio nos ofrece respuestas bíblicas novedosas.

Edificando un Matrimonio que en Verdad Funcione

Dios diseñó el matrimonio para que fuera una relación satisfactoria y realizadora; creando a hombres y mujeres para que ellos—juntos y como una sola carne—pudieran reflejar Su amor por el mundo. El matrimonio, cuando es vivido como Dios lo planeó, nos completa, nos trae gozo y da a nuestras vidas un fresco significado. En este estudio, los lectores examinarán el diseño de Dios para el matrimonio y aprenderán cómo establecer y mantener el tipo de matrimonio que trae gozo duradero.

Cómo Tomar Decisiones Que No Lamentarás

Cada día nos enfrentamos a innumerables decisiones y algunas de ellas pueden cambiar el curso de nuestras vidas para siempre. Entonces, ¿a dónde acudes en busca de dirección? ¿Qué debemos hacer cuando nos enfrentamos a una tentación? Este breve estudio te brindará una práctica y valiosa guía, al explorar el papel que tiene la Escritura y el Espíritu Santo en nuestra toma de decisiones.

Dinero y Posesiones: La Búsqueda del Contentamiento

Nuestra actitud hacia el dinero y las posesiones reflejará la calidad de nuestra relación con Dios. Y, de acuerdo con las Escrituras, nuestra visión del dinero nos muestra dónde está descansando nuestro verdadero amor. En este estudio, los lectores escudriñarán las Escrituras para aprender de dónde proviene el dinero, cómo se supone que debemos manejarlo y cómo vivir una vida abundante, sin importar su actual situación financiera.

Cómo puede un Hombre Controlar Sus Pensamientos, Deseos y Pasiones

Este estudio capacita a los hombres con la poderosa verdad de que Dios ha provisto todo lo necesario para resistir la tentación y lo hace, a través de ejemplos de hombres en las Escrituras, algunos de los cuales cayeron en pecado y otros que se mantuvieron firmes. Aprende cómo escoger el camino de pureza, para tener la plena confianza de que, a través del poder del Espíritu Santo y la Palabra de Dios, podrás estar algún día puro e irreprensible delante de Dios.

Viviendo Victoriosamente en Tiempos de Dificultad

Vivimos en un mundo decadente, poblado por gente sin rumbo y no podemos escaparnos de la adversidad y el dolor. Sin embargo, y por alguna razón, los difíciles tiempos que se viven actualmente son parte del plan de Dios y sirven para Sus propósitos. Este valioso estudio ayuda a los lectores a descubrir cómo glorificar a Dios en medio del dolor; al tiempo que aprenden cómo encontrar gozo aún cuando la vida parezca injusta y a conocer la paz que viene al confiar en el Único que puede brindar la fuerza necesaria en medio de nuestra debilidad.

El Perdón: Rompiendo el Poder del Pasado

El perdón puede ser un concepto abrumador, sobre todo para quienes llevan consigo profundas heridas provocadas por difíciles situaciones de su pasado. En este estudio innovador, obtendrás esclarecedores conceptos del perdón de Dios para contigo, aprenderás cómo responder a aquellos que te han tratado injustamente y descubrirás cómo la decisión de perdonar rompe las cadenas del doloroso pasado y te impulsa hacia un gozoso futuro.

Elementos Básicos de la Oración Efectiva

Esta perspectiva general de la oración te guiará a una vida de oración con más fervor, a medida que aprendes lo que Dios espera de tus oraciones y qué puedes esperar de Él. Un detallado examen del Padre Nuestro y de algunos importantes principios obtenidos de ejemplos de oraciones a través de la Biblia, te desafiarán a un mayor entendimiento de la voluntad de Dios, Sus caminos y Su amor por ti mientras experimentas lo que significa verdaderamente el acercarse a Dios en oración.

Cómo Liberarse de los Temores

La vida está llena de todo tipo de temores que pueden asaltar tu mente, perturbar tu alma y traer estrés incalculable. Pero no tienes que permanecer cautivo a tus temores. En este estudio de seis semanas aprenderás cómo confrontar tus circunstancias con fortaleza y coraje mientras vives en el temor del Señor – el temor que conquista todo temor y te libera para vivir en fe.

Cómo se Hace un Líder al Estilo de Dios

¿Qué espera Dios de quienes Él coloca en lugares de autoridad? ¿Qué características marcan al verdadero líder efectivo? ¿Cómo puedes ser el líder que Dios te ha llamado a ser? Encontrarás las respuestas a éstas y otras preguntas, en este poderoso estudio de cuatro importantes líderes de Israel—Elí, Samuel, Saúl y David— cuyas vidas señalan principios que necesitamos conocer como líderes en nuestros hogares, en nuestras comunidades, en nuestras iglesias y finalmente en nuestro mundo.

¿Qué Dice la Biblia Acerca del Sexo?

Nuestra cultura está saturada de sexo, pero muy pocos tienen una idea clara de lo que Dios dice acerca de este tema. En contraste a la creencia popular, Dios no se opone al sexo; únicamente, a su mal uso. Al aprender acerca de las barreras o límites que Él ha diseñado para proteger este regalo, te capacitarás para enfrentar las mentiras del mundo y aprender que Dios quiere lo mejor para ti.

Principios Clave para el Ayuno Bíblico

La disciplina espiritual del ayuno se remonta a la antigüedad. Sin embargo, el propósito y naturaleza de esta práctica a menudo es malentendida. Este vigorizante estudio explica por qué el ayuno es importante en la vida del creyente promedio, resalta principios bíblicos para el ayuno efectivo y muestra cómo esta poderosa disciplina lleva a una conexión más profunda con Dios.

Entendiendo los Dones Espirituales

¿Qué son Dones Espirituales?
El tema de los dones espirituales podría parecer complicado: ¿Quién

tiene dones espirituales – "las personas espirituales" o todo el mundo? ¿Qué son dones espirituales?

Entender los Dones Espirituales te lleva directamente a la Palabra de Dios, para descubrir las respuestas del Mismo que otorga el don. A medida que profundizas en los pasajes bíblicos acerca del diseño de Dios para cada uno de nosotros, descubrirás que los dones espirituales no son complicados – pero sí cambian vidas.

Descubrirás lo que son los dones espirituales, de dónde vienen, quiénes los tienen, cómo se reciben y cómo obran dentro de la iglesia. A medida que estudias, tendrás una nueva visión de cómo puedes usar los dones dados por Dios para traer esperanza a tu hogar, tu iglesia y a un mundo herido.

Viviendo Como que Le Perteneces a Dios

¿Pueden otros ver que le perteneces a Dios?
Dios nos llama a una vida de gozo, obediencia y confianza. Él nos llama a ser diferentes de quienes nos rodean. Él nos llama a ser santos.

En este enriquecedor estudio, descubrirás que la santidad no es un estándar arbitrario dentro de la iglesia actual o un objetivo inalcanzable de perfección intachable. La santidad se trata de agradar a Dios – vivir de tal manera que sea claro que le perteneces a Él. La santidad es lo que te hace único como un creyente de Jesucristo.

Ven a explorar la belleza de vivir en santidad y ver por qué la verdadera santidad y verdadera felicidad siempre van de la mano.

Amando a Dios y a los Demás

¿Qué quiere realmente Dios de ti?
Es fácil confundirse acerca de cómo agradar a Dios. Un maestro de Biblia te da una larga lista de mandatos que debes guardar. El siguiente te dice que solo la gracia importa. ¿Quién está en lo correcto?

Hace siglos, en respuesta a esta pregunta, Jesús simplificó todas las reglas y regulaciones de la Ley en dos grandes mandamientos: amar a Dios y a tu prójimo.

Amar a Dios y a los demás estudia cómo estos dos mandamientos definen el corazón de la fe Cristiana. Mientras descansas en el conocimiento de lo que Dios te ha llamado a hacer, serás desafiado a vivir estos mandamientos – y descubrir cómo obedecer los simples mandatos de Jesús que transformarán no solo tu vida sino también las vidas de los que te rodean.

Distracciones Fatales: Conquistando Tentaciones Destructivas

¿Está el pecado amenazando tu progreso espiritual?

Cualquier tipo de pecado puede minar la efectividad del creyente, pero ciertos pecados pueden enraizarse tanto en sus vidas - incluso sin darse cuenta - que se vuelven fatales para nuestro crecimiento espiritual. Este estudio trata con seis de los pecados "mortales" que amenazan el progreso espiritual: Orgullo, Ira, Celos, Glotonería, Pereza y Avaricia. Aprenderás cómo identificar las formas sutiles en las que estas distracciones fatales pueden invadir tu vida y estarás equipado para conquistar estas tentaciones destructivas para que puedas madurar en tu caminar con Cristo.

La Fortaleza de Conocer a Dios

Puede que sepas acerca de Dios, pero ¿realmente sabes lo que Él dice acerca de Sí mismo – y lo que Él quiere de ti?

Este estudio esclarecedor te ayudará a ganar un verdadero entendimiento del carácter de Dios y Sus caminos. Mientras descubres por ti mismo quién es Él, serás llevado hacia una relación más profunda y personal con el Dios del universo – una relación que te permitirá mostrar confiadamente Su fuerza en las circunstancias más difíciles de la vida.

Guerra Espiritual: Venciendo al Enemigo

¿Estás preparado para la batalla? Ya sea que te des cuenta o no, vives en medio de una lucha espiritual. Tu enemigo, el diablo, es peligroso, destructivo y está determinado a alejarte de servir de manera efectiva a Dios. Para poder defenderte a ti mismo de sus ataques, necesitas conocer cómo opera el enemigo. A través de este estudio de seis semanas, obtendrás un completo conocimiento de las tácticas e insidias del enemigo. Mientras descubres la verdad acerca de Satanás – incluyendo los límites de su poder – estarás equipado a permanecer firme contra sus ataques y a desarrollar una estrategia para vivir diariamente en victoria.

Volviendo Tu Corazón Hacia Dios

Descubre lo que realmente significa ser bendecido.

En el Sermón del Monte, Jesús identificó actitudes que traen el favor de Dios: llorar sobre el pecado, demostrar mansedumbre, mostrar misericordia, cultivar la paz y más. Algunas de estas frases se han vuelto tan familiares que hemos perdido el sentido de su significado. En este poderoso estudio, obtendrás un fresco entendimiento de lo que significa alinear tu vida con las prioridades de Dios. Redescubrirás por qué la palabra bendecido significa caminar en la plenitud y satisfacción de Dios, sin importar tus circunstancias. A medida que miras de cerca el significado detrás de cada una de las Bienaventuranzas, verás cómo estas verdades dan forma a tus decisiones cada día – y te acercan más al corazón de Dios.

El Cielo, El Infierno y la Vida Después de la Muerte

Descubre lo que Dios dice acerca de la muerte, el morir y la vida después de la muerte.
Muchas personas están intrigadas por lo que les espera detrás de la puerta, pero vivimos en una era bombardeada de puntos de vista en conflicto. ¿Cómo podemos estar seguros de lo que es verdad?

En este estudio esclarecedor, examinarás las respuestas de la Biblia acerca de la muerte y lo que viene después. A medida que confrontas la inevitabilidad de la muerte en el contexto de la promesa del cielo y la realidad del infierno, serás desafiado a examinar tu corazón — y al hacerlo, descubrir que al aferrarte a la promesa de la vida eterna, el aguijón de la muerte es reemplazado con paz.

Descubriendo lo Que Nos Espera en el Futuro

Con todo lo que está ocurriendo en el mundo, las personas no pueden evitar cuestionarse respecto a lo que nos espera en el futuro. ¿Habrá paz alguna vez en la tierra? ¿Cuánto tiempo vivirá el mundo bajo la amenaza del terrorismo? ¿Hay un horizonte con un solo gobernante mundial? Esta fácil guía de estudio conduce a los lectores a través del importante libro de Daniel; libro en el que se establece el plan de Dios para el futuro.

Esperanza Después del Divorcio

Con el divorcio surgen muchas preguntas, dolor y frustración. ¿Qué voy a hacer? ¿Cómo sobreviviré? ¿Qué hay de los niños? ¿Qué pensará la gente de mí? ¿Qué piensa Dios de mí? ¿Cómo puedes superar esto? ¿Vivir con ello?
A través de este estudio de seis semanas descubrirás verdades bíblicas sólidas que te ayudarán a ti o a un ser querido a recuperarse del dolor, debido al fin de un matrimonio. Aquí encontrarás consejos prácticos y motivadores, así como también la certeza del amor y poder redentor de Dios, trabajando en incluso las situaciones más difíciles mientras sales adelante con una perspectiva piadosa de tu nueva realidad.

Cómo Tener una Relación Genuina con Dios

A quienes tengan el deseo de conocer a Dios y relacionarse con Él de forma significativa, Ministerios Precepto abre la Biblia para mostrarles el camino a la salvación. Por medio de un profundo análisis de ciertos pasajes bíblicos cruciales, este esclarecedor estudio se enfoca en dónde nos encontramos con respecto a Dios, cómo es que el pecado evita que lo conozcamos y cómo Cristo puso un puente sobre aquel abismo que existe entre los hombres y su SEÑOR.

Jesús: Experimentando Su Toque

Los primeros seis capítulos del evangelio de Marcos están llenos de historias de personas que se acercan a Jesús, anhelando la experiencia personal del toque del Salvador. Una y otra vez, Jesús respondió con compasión, interactuando a un nivel personal con individuos que habían sido marginados por la sociedad, envueltos en circunstancias consideradas sin esperanza.

Al profundizar en sus historias en este poderoso estudio — el primero de un estudio de tres partes del evangelio de Marcos — descubrirás por ti mismo la diferencia que existe cuando te acercas personalmente a Jesús y experimentas Su toque en tu vida.

Jesús: Escuchando Su Voz

Escuchar verdaderamente no es simplemente oír las palabras de Jesús; involucra creer, que resulta en compromiso activo. A través de su ministerio terrenal, Jesús interactuó con personas de todo tipo de ámbito en la vida. En cada caso, esos individuos pudieron escoger entre creer en Sus palabras y cosechar las recompensas de la fe o resistirse a la verdad y perderse todo lo que en realidad importa. Esta misma decisión tienes que tomar hoy. En este segundo libro que conforma este estudio de tres partes del evangelio de Marcos, puedes leer por ti mismo las palabras de Jesús en Marcos 7-13. Si entonces te alíneas con Aquel que es Verdad, experimentarás por ti mismo la libertad que viene de verdaderamente escuchar y seguir la voz del Salvador.

Jesús: Entendiendo Su Muerte y Resurrección

El tan esperado Mesías había finalmente llegado – solo para ser traicionado y sentenciado a muerte. ¿Por qué querría Jesús, quien sabía de antemano todo lo que ocurriría y quien tenía el poder del cielo a Su disposición, someterse a ser humillado, torturado y finalmente asesinado? En este poderoso estudio centrado en los capítulos finales del Evangelio de Marcos, considerarás por ti mismo todo lo que Jesús soportó para traer perdón a los pecadores y esperanza para los desahuciados. Y entenderás como nunca antes por qué es tan importante compartir con otros las buenas nuevas de Su muerte y resurrección.

ACERCA DE MINISTERIOS PRECEPTO INTERNACIONAL

Ministerios Precepto Internacional fue levantado por Dios con el solo propósito de establecer a las personas en la Palabra de Dios para producir reverencia a Él. Sirve como un brazo de la iglesia sin ser parte de una denominación. Dios ha permitido a Precepto alcanzar más allá de las líneas denominacionales sin comprometer las verdades de Su Palabra inerrante. Nosotros creemos que cada palabra de la Biblia fue inspirada y dada al hombre como todo lo que necesita para alcanzar la madurez y estar completamente equipado para toda buena obra de la vida. Este ministerio no busca imponer sus doctrinas en los demás, sino dirigir a las personas al Maestro mismo, Quien guía y lidera mediante Su Espíritu a la verdad a través de un estudio sistemático de Su Palabra. El ministerio produce una variedad de estudios bíblicos e imparte conferencias y Talleres Intensivos de entrenamiento diseñados para establecer a los asistentes en la Palabra a través del Estudio Bíblico Inductivo.

Jack Arthur y su esposa, Kay, fundaron Ministerios Precepto en 1970. Kay y el equipo de escritores del ministerio producen estudios **Precepto sobre Precepto,** Estudios **In & Out**, estudios de la **serie Señor**, estudios de la **Nueva serie de Estudio Inductivo**, estudios **40 Minutos** y **Estudio Inductivo de la Biblia Descubre por ti mismo para niños.** A partir de años de estudio diligente y experiencia enseñando, Kay y el equipo han desarrollado estos cursos inductivos únicos que son utilizados en cerca de 185 países en 70 idiomas.

MOVILIZANDO

Estamos movilizando un grupo de creyentes que "manejan bien la Palabra de Dios" y quieren utilizar sus dones espirituales y talentos para alcanzar 10 millones más de personas con el estudio bíblico inductivo.
Si compartes nuestra pasión por establecer a las personas en la Palabra de Dios, te invitamos a leer más. Visita **www.precept.org/Mobilize** para más información detallada.

RESPONDIENDO AL LLAMADO

Ahora que has estudiado y considerado en oración las escrituras, ¿hay algo nuevo que debas creer o hacer, o te movió a hacer algún cambio en tu vida? Es una de las muchas cosas maravillosas y sobrenaturales que resultan de estar en Su Palabra – Dios nos habla.

En Ministerios Precepto Internacional, creemos que hemos escuchado a Dios hablar acerca de nuestro rol en la Gran Comisión. Él nos ha dicho en Su Palabra que hagamos discípulos enseñando a las personas cómo estudiar Su Palabra. Planeamos alcanzar 10 millones más de personas con el Estudio Bíblico Inductivo.

Si compartes nuestra pasión por establecer a las personas en la Palabra de Dios, ¡te invitamos a que te unas a nosotros! ¿Considerarías en oración aportar mensualmente al ministerio? Si ofrendas en línea en **www.precept.org/ATC**, ahorramos gastos administrativos para que tus dólares alcancen a más gente. Si aportas mensualmente como una ofrenda mensual, menos dólares van a gastos administrativos y más van al ministerio. Por favor ora acerca de cómo el Señor te podría guiar a responder el llamado.

COMPRA CON PROPÓSITO

Cuando compras libros, estudios, audio y video, por favor cómpralos de Ministerios Precepto a través de nuestra tienda en línea (**http://store.precept.org/**) o en la oficina de Precepto en tu país. Sabemos que podrías encontrar algunos de estos materiales a menor precio en tiendas con fines de lucro, pero cuando compras a través de nosotros, las ganancias apoyan el trabajo que hacemos:

• Desarrollar más estudios bíblicos inductivos
• Traducir más estudios en otros idiomas
• Apoyar los esfuerzos en 185 países
• Alcanzar millones diariamente a través de la radio y televisión
• Entrenar pastores y líderes de estudios bíblicos alrededor del mundo
• Desarrollar estudios inductivos para niños para comenzar su viaje con Dios
• Equipar a las personas de todas las edades con las habilidades del estudio bíblico que transforma vidas.

Cuando compras en Precepto, ¡ayudas a establecer a las personas en la Palabra de Dios!

www.ingramcontent.com/pod-product-compliance
Lightning Source LLC
Chambersburg PA
CBHW071519040426
42444CB00008B/1720